Bernd A. Mertz

Tarot

Lebenshilfe durch Kartenlegen

Im FALKEN Verlag sind zum Thema Kartenspiel und Esoterik zahlreiche Bücher erschienen. Fragen Sie darüber hinaus in Ihrer Buchhandlung auch nach den informativen FALKEN Videos zu den Themen Yoga (Nr. 6171), Autogenes Training (Nr. 6132) und Qi-Gong (Nr. 6179).

Das in diesem Buch verwendete Ansata-Tarot
(Idee und Anregung: Bernd A. Mertz, Illustration: Paul Struck)
ist zu beziehen über: Ansata-Verlag, Rosenstr. 24, CH-3800 Interlaken
sowie über den Buchhandel.

Unser Beitrag zum Umweltschutz:
Papier aus chlorfrei gebleichtem Zellstoff

ISBN 3 8068 1227 6

Titelbild: Pinzer, Idstein
Redaktion: Karin Schulze-Langendorff

Die Ratschläge in diesem Buch sind von dem Autor und vom Verlag sorgfältig erwogen und geprüft, dennoch kann eine Garantie nicht übernommen werden. Eine Haftung des Autors bzw. des Verlags und seiner Beauftragten für Personen-, Sach- und Vermögensschäden ist ausgeschlossen.

Satz: Grunewald Satz & Repro GmbH, Kassel
Druck: Wiesbadener Graphische Betriebe GmbH, Wiesbaden

817 2635 44

Inhalt

Das königliche Spiel: Der Tarot

Der Tarot ist ein Spiel der Geheimnisse, die mit naturwissenschaftlichem Verstand allein nicht zu lösen sind. Das Geheimnisvollste ist, daß wirklich Geheimnisse mit diesen Karten aufgedeckt werden können. In ihnen ist soviel menschliches Wissen, soviel Lebenserfahrung enthalten, daß jede einzelne Karte, wenn man sich nur intensiv mit ihr beschäftigt, voller Aussagekraft ist, die wirklich helfen kann, schwierige Lebenssituationen zu erkennen, ja sogar zu lösen. Den wahren Tarot, das ägyptische Buch des Schicksals oder der Geheimnisse, stellen die 22 Karten der großen Arcana dar. Diese Blätter werden auch die „heiligen" Karten genannt, weil ihre Summe gleich der Summe ist, die sich ergibt, wenn die heiligen Zahlen 3 und 7 miteinander multipliziert werden. Diese Karten sind ein Lehrbuch, ja mehr als das: ein Einweihungsbuch.

Wenn auch die „nachweisbare" Geschichte der Tarotkarten kaum 500 Jahre alt ist, so ist es doch erstaunlich, daß sich über diesen Zeitraum hinweg die Karten nicht wesentlich verändert haben und daß man mit ihnen – einst wie heute – hervorragend psychologisch und auch lebenshelfend arbeiten kann.

Den Schöpfern des Tarot ging es darum, Lebensstationen aufzuzeigen, denen die Menschen allgemein wie einzeln als Individuum begegnen. Die Karten stellen im Grunde Entwicklungsphasen oder -stufen dar, die jeder an sich erfährt, wenn auch im Leben die Stufe 2 nicht der Stufe 1, die Entwicklungsphase 7 nicht der Phase 6 folgen muß. Aus diesem Grunde werden ja auch die Karten gemischt. Die Entwicklung des einzelnen wie der Menschheit ist sprunghaft und nicht immer logisch und folgerichtig.

In jedem von uns leben die sogenannten Archetypen, das sind in Symbole zusammengefaßte Erfahrungen der Menschheit. Diese Archetypen finden wir in den Karten der großen Arcana des Tarot ganz besonders einleuchtend dargestellt.

In jedem von uns lebt die große Mutter, lebt der Versucher, lebt der Einsiedler, lebt der Wunsch, alles (und sich selbst) auf den Kopf zu stellen. Jeder trägt in sich die Angst vor Verantwortungsübernahme, die Sehnsucht nach Wärme und Gemeinsamkeit, nach tiefer Erkenntnis und Erleuchtung, den Wunsch, im Kosmos eingebettet

zu sein, sich beschützt und behütet zu fühlen. Alle diese Sehnsüchte, Ängste, Zustände und Erfahrungen werden durch die 21 Karten der großen Arcana ausgedrückt – vielleicht ein Grund, warum man diese Karten nicht nur als die Karten der Geheimnisse, sondern auch als die „unheimlichen" Karten bezeichnet hat. Ihre Bilder drükken unsere Träume aus, unsere Phantasien, unsere Spannungen und Meditationen wie auch das Heitere unseres Daseins, die Erlösung und die Befreiung, die wir in uns bergen. Unsere Triebe und Anstöße sind hier zu entdecken, unsere Hemmnisse und Besorgnisse, unsere Zuneigungen und Antipathien, unsere Hoffnungen und Befürchtungen, die wir ein Leben lang nicht ablegen. Wir können uns mit diesen archetypischen Bildern identifizieren, ohne uns entblößt zu fühlen!

Archetypen sind als verdichtete Erfahrungsprinzipien zu verstehen. Sieht also jemand diese Bilder, bringen sie in ihm etwas zum Klingen. Sie lösen ein Echo aus, dem sich keiner entziehen kann.

Jede der 22 Karten versinnbildlicht eine Urerfahrung beziehungsweise eine Entwicklungsstufe, die wir anstreben sollten, oder auf der wir – je nachdem – stehengeblieben sind.

Die modernen Karten müssen mehr Symbole enthalten als die früheren, weil das Leben vielfältiger geworden ist. Die Grundaussagen aber sind gültig wie vor mehr als 2000 Jahren, so wie uns auch die alten Symbolbilder der Ägypter, der Bibel oder anderer alter Überlieferungen heute noch das Grundsätzliche der menschlichen Entwicklung verkünden können.

All dies ermöglicht uns, mit diesen Karten „wahrzusagen" oder gar „hellzusehen". Was Menschen oft nicht in Worte fassen können, die Karten der großen Arcana des Tarot drücken es aus. Und so ist die Vergangenheit in einem Bild erfaßbar wie die Gegenwart oder der Wunsch, wie die Zukunft aussehen möge.

Die Karten werden in drei Folgen ausgelegt. Erste Folge: Karten 1 bis 7, zweite Folge: 8 bis 14, dritte Folge: Karten 15 bis 21. Es sind jeweils die drei Wege, die der einzelne Mensch zu gehen hat.

Weg 1 bis 7 ist der Weg des Lernens, des Begreifens, die erste Einweihung. – Weg 8 bis 14 ist der Weg der Reife, des Zu-sich-Kommens, der Weg des Erwachsenwerdens. – Weg 15 bis 21 ist der Weg der Bewährung, der Ausstrahlung, der Weg, der zur Weisheit, zum großen Verstehen führt.

Vorstellung der Tarotkarten

Karte 0 oder 22: Der Narr

Diese Karte ist Anfang und Ende des großen Einweihungsweges
oder Eingang und Ausgang.
Der Narr stellt die Ausgangssituation eines Menschen dar, dessen
Entwicklungsmöglichkeiten noch alle offen sind, weil allein er von
allen Lebewesen die Welt ändern könnte, wobei es zunächst gleich-
gültig erscheint, ob dies zum Bösen oder zum Guten hinzielt. Der
Narr ist auf einem Berg angekommen, wo ihm die Gefahr droht
abzustürzen, wenn er sich nicht entschließt herabzusteigen.
Der Hund – hier in erster Linie Verkörperung des animalischen
Instinkts, der in jedem von uns immer noch lebt – warnt den Narren,
indem er ihn fast spielerisch ins Bein beißt.
Der Narr ist malerisch gekleidet, er ist voller Optimismus und naiver
Zuversicht im Hinblick auf die Zukunfts- und Lebensgestaltung.

Durch seine Kleidung zeigt er an, daß er schon eine gewisse Zivilisationsstufe erklommen hat. Seinen Besitz trägt er in einem Beutel, wir erkennen ein Musikinstrument. Der Narr ruht nicht, er ist in Bewegung, aber der Weg ist ihm noch nicht bewußt. Das Ziel liegt im Himmel, zu dem er hochblickt. Die Freiheit wird uneingeschränkt genutzt.

Die Zahl Null ist – steht sie allein – die Zahl des Nichts, doch auch die Zahl der anonymen Masse, die Zahl ohne Substanz. Diese Zahl sucht wie die Masse eine Führung, eine Autorität, die sie erhebt. Steht vor einer Null nur eine einzige Zahl, dann kann sich ihr Wert ins Unermeßliche steigern.

Dem Narren in uns steht noch jeder Weg offen. Leider ist das Närrische in uns nur bereit, einen neuen Weg einzuschlagen, solange wir fähig sind, uns ohne großes Gepäck auf die Reise zu machen. Oder: Die Narrheit ist auch eine Möglichkeit, solange wir noch nichts oder nichts mehr zu verlieren haben. Dann steht noch jeder Torheit Tür und Tor offen. Darum geht es bei diesen zwei Stufen außerhalb unseres Weges.

Zudem symbolisiert die Narren-Karte auch den Wunsch, möglichst sorglos und leichthin zu leben, und wäre es nur manchmal! Der Narr steht auch für eine Urlaubsstimmung in uns, in der wir uns ohne Verpflichtung nur so einfach dem Tag hingeben möchten. Manche verspüren das Bedürfnis, sich von dieser Verpflichtung des Tages zu trennen, sie wollen „aussteigen", sich auf wahrhaft närrische Art jeder Verantwortung entziehen, doch meist, ohne die Gesellschaft von der Verantwortung für sie selbst zu entbinden. Das ist ein Sich-im-Kreise-Drehen, wie es durch die Form der Null gut verdeutlicht wird. Der Narr vermag sich um sich selbst zu drehen, ohne dies zu bemerken. Er meint, auf einem Weg zu sein, der ihn immer wieder zu seinem Ausgangspunkt zurückführt. Damit entzieht er sich jeder Entwicklung, gerade dann, wenn er meint, daß er sich selbst verwirklichen muß.

Aber Selbstverwirklichung ohne Selbstverpflichtung ist Narretei. Man kann nicht auf Kosten anderer leben, sondern muß eine Eigenleistung einbringen. Damit befindet sich der Narr auf der Stufe eines Kleinkindes, das sich im Grunde allein nicht zu helfen vermag. Es muß gezwungen werden, eine Schule zu besuchen, um für die Schule des Lebens gerüstet zu sein. Erst nach der Grundschule

beginnt der eigene Weg, den jeder für sich finden, ansteuern und bis zum Ende gehen muß, um sein Ziel zu erreichen, das wiederum ein Nullpunkt sein kann, wenn auch auf einer höheren Ebene.

Die Narren-Karte symbolisiert den Freiheitsdrang in uns, den Wunsch, das Leben nach eigenen Vorstellungen zu gestalten, als ób jeder für sich allein auf der Welt wäre. Der Narr ist nicht eingebunden, er ist losgelöst vom Geschehen, er steht – wie einst der Hofnarr – außerhalb der Gesellschaft, so daß er zwar Weisheiten verkünden darf, diese jedoch nicht ernstgenommen werden müssen. Es sind Weisheiten, die unterhaltend, aber nicht verpflichtend sind, zumal die Narren manchmal die Gabe und Gnade besitzen, über sich selbst lachen zu können.

Allgemein: das Unbeschwerte, das Wagnis, das Losgelöstsein.

Liebe: der erste Blick, der Funke, der Flirt.

Beruf: der Anfang, der Neubeginn, die neuc Position oder Lehrstelle, der Mut zur Kündigung, Urlaub.

Gesundheit: Auftrieb, Hoffnung, Genesung, Aktivität, Mut zu neuartigen Behandlungen, Vertrauen.

Vermögen: das Risiko, die Spekulation, die Neuanlage, Verschwendung, Leichtnehmen eines Verlustes.

Freundschaften: neue Begegnungen, Täuschungen, Verführbarkeit, vertrauensvolle Hingabe.

Gedanken: Aussteigen, Veränderungen, Sehnsucht nach dem Ende der Verpflichtungen und Bindungen.

Gefahren: Leichtsinn, Undiszipliniertheit, Rücksichtslosigkeit, Nichtbeachten von Spielregeln.

Entwicklungsstufen: vor dem Anfang – nach dem Ende.

Karte 1: Der Magier

Der Magier symbolisiert das bewußte Ich am Anfang eines Weges. Jeder Magier trägt einen Stab, den Zauberstab, mit dem die Kräfte in jedem von uns geweckt werden sollen. Dieser ist mit einem Dirigentenstab vergleichbar, da nun der Ablauf des Lebens bewußt von uns gelenkt wird. Dieser Stab wird hochgehalten. Noch ist der Magier in uns voller Optimismus. Früher nannte man diese Karte auch „Der Gaukler", aber das trifft nicht den inneren Gehalt dieser Entwicklungsstufe, auf der es darum geht, die verborgenen Kräfte in uns zu wecken, da Magie die Lehre von den verborgenen Beziehungen darstellt.

Meist finden wir auf dieser Karte auch einen Hinweis auf die Unendlichkeit der magischen Kräfte, die liegende 8 oder Lemniskate, auf der der Magier steht.

Die Karte spiegelt unser Herz, den Motor unseres Lebens, weil jeder echte Zauber, jedes magische Handeln aus dem Herzen zu kommen

hat. Wie die Geschichte der Alchimie lehrt, war es stets der Wunsch der Menschen, Gold zu suchen, wobei es im Grunde nie um das äußere Gold ging, sondern um das transzendente Gold in uns. Es galt und gilt das Gold als Kern und Symbol der Sonne in jedem anderen Stoff zu entdecken – selbst im Blei.

Der Stab, der nicht nur senkrecht getragen wird, sondern der auch nach oben weist, symbolisiert damit, daß alle Kraft von oben kommt.

Diese Karte zeigt also den Beginn des Handelns – hier ist der Weg, den der Narr noch suchte, bereits gefunden. Der Magier ist voller Selbstbewußtsein und hat Energie, die gezügelt und ausgerichtet erscheint. Er stellt sich bereits seiner Umgebung, der er etwas vorzaubert, wenn er sie auch noch verzaubern will. Magier sind Künstler, und Künstler sind Geschöpfe, die aus dem Alltag heraus Nichtalltägliches schaffen.

Die Lemniskate erinnert uns daran, daß im Anfang das Ende liegt. Die Kräfte, die dem Magier zur Verfügung stehen, bilden seinen ganzen Reichtum, der sich nicht vergrößert, bis auf den wichtigsten Besitz: die Erfahrung, die jeder von uns immer wieder neu macht, die uns verändert, die das Schöpferische in uns weckt und weiterentwickelt. Noch wird kaum gespürt, daß aller Anfang schwer ist, wenn es auch oft im praktischen Leben nicht so scheint. Am Anfang ist alles noch sehr subjektiv, sehr egozentrisch auf sich selbst bezogen, man fühlt sich als Auserwählter, als Magier, ist aber meist nur ein Lehrling – immerhin aber ein Zauberlehrling!

Die Kraft dieses Zauberlehrlings, den wir etwas voreilig Magier nennen, kommt allem Anschein nach aus dem Stab. Er ist das Symbol des Dirigierens, des Herrschens, ein Symbol der Selbstsicherheit, aber auch der Wehrhaftigkeit, denn der Stab, die Keule war die erste Waffe des Menschen, mit der er sich nicht nur verteidigen, sondern auch einen Angriff gegen die übermächtigen Tiere wagen konnte. Ein Zauberer lenkt mit seinem Stab allerdings häufig von den wesentlichen Handlungen ab, indem er dem Publikum etwas vorgaukelt. Hier besteht die Gefahr, sich selbst etwas vorzugaukeln, sich selbst schon zu früh als Meister seines Schicksals zu fühlen, sich selbst als eine Eins einzuschätzen.

Wir haben es mit der Zahl 1 zu tun, der Zahl der Schöpferkraft, der Zahl der Sonne. Unsere Existenz hängt allein von einem Stern ab –

von der Sonne. Nur sie gibt uns das Leben; wenn sie erlischt, erlischt das Leben im Sonnensystem. Daher ist die Zahl 1 auch die Zahl des Herzens, denn von ihm kommt die persönliche Lebenskraft, die versiegt, wenn das Herz aufhört zu schlagen. Davon weiß der Magier noch nichts, weil er am Beginn des Weges von möglichen Ermüdungen und Abnutzungen der Lebenskraft noch verschont ist.

Die 1 stellt also auch die magische Kraft in uns dar, die uns aus dem anonymen Bereich der Null befreit und heraushebt. Aber sie ist außerdem die Zahl der Isolation, der Abgeschlossenheit, die Zahl des Einzellebens und -schicksals.

Am Anfang des bewußten Lebens und Weges ist jeder auf sich selbst, damit auf sich allein angewiesen. Das ist zweifellos eine Belastung, die uns aber auch fordert, die uns zwingt, aus uns herauszugehen, uns einzusetzen.

Legen wir zu dieser Karte einmal die Karte des Narren. Wie sehr vermag der Beginn einer Handlung, das Anvisieren eines Ziels Menschen zu verändern! Aus dem Hans Guckindieluft ist eine Figur geworden, die den Stab nicht nur als Stütze benutzt, sondern mit ihm handelt.

Jeder Anfang ist ein Wagnis. Aber wer nicht wagt, kann auch nicht gewinnen. Der Sieg setzt ein Wagnis voraus, das unter einem guten Stern stehen soll, wie es der Volksmund weiß.

Der gute Stern ist aber die eigene Autorität, die man erringen muß, die magisch herausgezaubert werden muß, um dann auch Autorität auf andere auszustrahlen, um ihnen den Weg zu zeigen. So sehr „ichbezogen" uns der Magier auch erscheint, sein Blick ist nicht mehr ins Leere gerichtet, sondern hat ein Ziel im Visier. Allein der Magier in uns verwirklicht unsere Träume, das soll uns durch diese Karte klargemacht werden.

Der erste Schritt ist gewagt, er richtet uns auf.

Wer schwer krank war und das erste Mal wieder einen Fuß vor den anderen setzen kann, weiß, was der erste Schritt Genesenden und Hoffenden (und nur Hoffende genesen) für ein Kraftgefühl, für einen inneren Auftrieb zu geben vermag. Nicht ohne Grund bejubeln daher Eltern den ersten Schritt ihres Kindes.

Die Karte 1 kann auch als Karte des Wunders beschrieben werden, das uns immer wieder begegnet, wenn wir nur selbst etwas für das Wunderbare tun.

<u>Allgemein:</u> der Anfang, die erste Tat, der Optimismus, die magische Kraft, der Stolz auf das Wagnis.

<u>Liebe:</u> das Herz, das zu verschenken ist, der Mann. Der Zauber, der durch das Bekennen ausgelöst wird.

<u>Beruf:</u> die erste Leistung, der gelungene Start, das Selbstbewußtsein bezogen auf das eigene Können.

<u>Gesundheit:</u> das Herz, der Optimismus, der helfende Arzt, das Wunder der Heilung.

<u>Vermögen:</u> das eigene Kapital, das Guthaben, das Vertrauen.

<u>Freundschaften:</u> das Bekennen zur Freundin, zum Freund, das Vertrauen, die Kollegialität.

<u>Gedanken:</u> Selbstbewußtsein; ich will – ich schaffe es; die innere Autorität: ich bin doch wer.

<u>Gefahren:</u> die Selbstüberschätzung, der Zauberlehrling, die Verführung des Ichs: ich schaffe es allein.

<u>Entwicklungsstufe:</u> der bewußte Anfang, der Ausgangspunkt.

 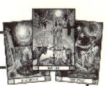

Karte 2: Die Hohepriesterin

Diese Karte symbolisiert – im Gegensatz zur Karte 1 – das Unbewußte in uns, auch das Dunkle, das in uns lebt, unseren Schatten. Daher sehen wir eine helle und eine dunkle Sphinx. Es geht um unsere Seele, die im Verborgenen lebt, um unsere unterbewußt gespeicherten Kollektiv- und Früherfahrungen. Die Karte verkörpert die Ergänzung zur Karte 1, die auch die Sonne miteinschließt: den Mond, der das Licht der Sonne empfängt, der die Wasser der Erde bewegt und damit auch den Menschen beeinflußt.
Das Mondsymbol ist deutlich erkennbar. Die Priesterin sitzt auf einem Thron. Sie gibt damit zu verstehen, daß das Unbewußte, das Dunkle in uns eine Macht ausübt, die über uns herrscht und die wir zu akzeptieren haben.
Wichtig ist der Schleier der Maja, durch den wir blicken müssen, um unser eigenes Geheimnis und das des Lebens zu ergründen. Nach der Auseinandersetzung mit dem Lichten, dem Bewußten in uns,

müssen wir uns also auf der zweiten Entwicklungsstufe mit dem Dunklen auseinandersetzen, wie nach dem Tag- das Nachtwerk folgt, nach der Sonnenzeit des Tages die Nachtzeit des Mondes. Hier haben wir es daher auch mit der Karte unserer Träume zu tun, mit der Seelensprache, der Sprache des Unbewußten, das wir orakelhaft immer wieder befragen müssen, wie einst die Pythia in Delphi nach der inneren Wahrheit befragt worden ist.

Im alchimistischen Sinn sprechen wir von dem „Geheimnis", das jeder Tat innewohnt. Hier bedarf es einer Hohenpriesterin.

Wenn wir die Karte des Narren daneben legen, erkennen wir sehr schnell, wie weit der Narr von seinem Dunklen entfernt scheint, denn gegensätzlichere Bilder kann man sich kaum vorstellen, wenn uns dies im Tarot auch noch öfters begegnen wird. Der Narr, der zum Himmel blickt, muß lernen, in sich zu schauen.

Die Karte „Die Hohepriesterin" trägt die Zahl 2. Wir sehen zwei Tempelsäulen, zwei Sphinxen, ein Buch mit zwei Seiten. Die 2 ist die Zahl der Ergänzung, sie stellt auch die Verdoppelung der 1 dar. Wir haben *zwei* Zeiten, Tag und Nacht, *zwei* Lichter am Himmel, Sonne und Mond. Moses trug *zwei* Gesetzestafeln, um den Willen des Herren zu verkünden. Wir stehen auf *zwei* Beinen und Füßen, und wir gebrauchen *zwei* Arme und Hände. Wir kennen die beiden Seiten rechts und links, die sich ergänzen. Die *zwei* Seiten einer Medaille sind sprichwörtlich, jedes Ding hat *zwei* Seiten, in allem lebt das Helle wie das Dunkle. Die 2 ist nicht die Zahl der Einheit, sondern die Zahl der Gegensätze, die zu vereinen sind, damit man zum Ziel gelangt. Sie gilt außerdem als die Zahl des Geheimnisses, da die Folge der Verbindungen von eins plus eins im Leben stets geheimnisvoll erscheint.

Letztlich ist die 2 die Zahl des Femininen und des Maskulinen, die Zahl von Yang und Yin oder Logos und Eros, also die Zahl der *zwei* verschiedenen, vorherrschenden Lebensprinzipien, die Zahl von Anima und Animus, die Zahl des Oben und Unten.

Der Thron der Hohenpriesterin besteht aus einem einfachen Felsen, einem Stein, der als Element den Gegensatz zum Wasser darstellt. Mit dem Stein, dem Steinwall kann der Mensch den Gefahren der Wasserfluten auf die Dauer begegnen. Damit weist diese Karte erneut auf die Polarität hin, die von Plus zu Minus geht, die anzieht und abstößt.

Daraus wird klar, daß wir alles stets mit *zwei* Augen zu sehen haben und daß es keine (innere) Einäugigkeit geben darf. Bewußtes Wissen reicht bei weitem nicht aus. Wer nichts von seinem Unbewußten weiß, der weiß noch nichts von sich. Die dunkle Seite in uns können wir nicht verstellen. Mag dies im wachen Leben manchmal gelingen: Die Träume, die uns erreichen, sind nicht beeinflußbar; sie künden uns unser inneres Wesen Nacht für Nacht an, auch dann, wenn wir meinen, nicht zu träumen.

Die Hohepriesterin führt uns in die Tiefe, deren Kern in uns selbst liegt. Wer dabei Angst vor der Tiefe hat, dem sei zum Trost gesagt, daß gerade der Tiefschlaf (und zwar in doppelter Bedeutung) der erholsamste Schlaf ist.

Allgemein: die Seele, das Dunkle, die Nacht, das Unbewußte, das Träumen und In-sich-Gehen.

Liebe: die mütterliche Ausrichtung, der geheimnisvolle Zauber, die Verwandlung aus der Tiefe.

Beruf: die Erholung, das Abschalten, die Besinnung.

Gesundheit: das Psychosomatische, unheimliche Krankheiten des Körpers und der Seele.

Vermögen: der Nachteil vom Gewinn, der Vorteil vom Verlust.

Freundschaften: die tiefen, oft unerklärlichen Bindungen.

Gedanken: die Schatten in uns, geheime Wünsche.

Gefahren: Wachträume, das Sichverlieren, das Nicht-zur-Kenntnis-Nehmen der Schatten in und um uns.

Entwicklungsstufe: das Annehmen des Dunklen, die Begegnung mit der Seele, den eigenen Tiefen.

Karte 3: Die Herrscherin

Auch sie sitzt, wie die Hohepriesterin, auf einem Thron. Als Zeichen
der weltlichen Macht trägt die Herrscherin den Reichsapfel.
Wenn es hier auch mehr um die ersten realeren Erfahrungen geht,
so ist die Verbindung zum Himmel doch immer noch sichtbar, da die
Sterne über der Krone der Herrscherin schweben.
Die Herrscherin weist von der Bezeichnung her auch auf die Selbst-
beherrschung hin, die dann in der folgenden Karte deutlich gezeigt
wird. Sie ist Vorbild, fordert uns aber durch ihre Strenge dazu auf,
uns zu beschränken.
Die Adler unterstreichen ihre Macht, während der Schwan oder die
Venussymbole auf die Reinheit hinweisen sollen.
Diese Entwicklungsstufe führt uns also zur Erde, zu den irdischen
Problemen, die mit den Kräften des Magiers und den Geboten der
Himmelspriesterin zu lösen sind. Legen wir neben die Karte das Bild
des Narren, dann wird uns klar, daß es nun für ihn mit dem Freiheits-

drang endgültig vorbei ist, da er sich einer Frau verbunden fühlt, wenn dies auch mehr im mütterlichen Sinn zu verstehen ist. Hier setzt sich der Narr in uns mit der Prägung der Mutter auseinander. Die Kornähre mahnt uns zur Einsicht in die Notwendigkeit, in soziale Verpflichtungen. Wenn es um Nahrung geht, darf es nicht mehr nur den Einzelnen betreffen, jetzt muß an die Gemeinschaft gedacht werden.

Die Zahl dieser Karte ist die 3, die heilige Zahl schlechthin. Denken wir nur an die *Drei*faltigkeit. Jedes *Drei*eck ist ein himmlisches Symbol, wie wir es vollendet in der Pyramide wiederfinden.

In dieser Zahl sind Vergangenheit, Gegenwart und Zukunft zu sehen, das Entstehen, Werden und Vergehen. Die 3 ist aber vor allem die Zahl von Sonne, Mond und Erde, also die Zahl unserer kosmischen Existenz.

Auf der dritten Entwicklungsstufe geht es nun schon um eine gewisse Reife, die notwendig ist, um das Leben zu bestehen. Sie wird uns zwar nicht in den Mutterschoß gelegt, wohl aber von der Mutter gelehrt. In dieser Karte spiegelt sich also auch Demeter wider, die Göttin der Erdfruchtbarkeit. Als sie sich einst im Zorn darüber, daß Pluto ihre Tochter entführt hatte, zurückzog, wurde die Erde unfruchtbar, so daß Pluto wenigstens zeitweise die Tochter der Mutter zurückgeben mußte.

Die Herrscherin-Karte ist also keine Karte der Himmelsstürmer. Im Gegenteil, sie lehrt uns, mit den Füßen stets auf der Erde zu bleiben. Diese Entwicklungsstufe symbolisiert die erste Schule des realen Lebens, in die uns die Mutter schickt, damit wir lernen. Dazu gehören Bescheidenheit, Mäßigung und Ordnung, denn nur wenn Ordnung herrscht, kann gesät, geerntet und vorgesorgt werden. Hier erfahren wir die Pflichten des Alltags, die manchem von uns den inneren Schwung nehmen.

In der Deutung symbolisiert diese Karte daher auch die Lehrer, mit denen wir im Leben zu tun haben: nicht die großen Religions- oder Missionslehrer im priesterlichen Sinn, sondern die Schullehrer, die auf die kleineren Dinge zu achten haben. Hier begegnen wir der Vernunft, die zur Naturwissenschaft führt, wobei es leicht geschieht – und damit muß sich jeder auseinandersetzen –, daß das Naturwissenschaftliche alle anderen Gesetze, die nicht real meßbar sind, nicht gelten läßt oder als Aberglauben einstuft. Die Vernunft, die

hier vorherrscht, birgt also die Gefahr in sich, daß wir vom Ur-instinkt aller Lebewesen abkommen, so daß wir diese kollektive Empfindungsvernunft später wieder neu suchen oder entdecken müssen.

Kein Wunder, daß gerade diese Karte bei der Deutung mehr Ablehnung hervorruft als so manche andere, weil sie viele von uns an die Erziehung, an die Disziplinierung, an die strenge Mutter oder Lehrmeisterin erinnert.

Auf der dritten Entwicklungsstufe werden wir also mit dem Ernst des Lebens konfrontiert. Die Wirklichkeit, der wir immer wieder auf unserer Lebensreise begegnen werden, hat uns hier eingeholt.

Allgemein: die Wirklichkeit, das Erdenleben, die Erziehung, die Vorsorge, die Lebensbewältigung.

Liebe: die erziehende Liebe, auch der Liebesentzug der Sache und Notwendigkeit wegen; die Strenge aus Liebe, auch die Pflicht der Liebe.

Beruf: das Lernen, die Pflicht, die Aufgabe.

Gesundheit: die realen Krankheiten aus der Abnutzung heraus, aber auch die helfende Fürsorge.

Vermögen: das Erworbene, das Verdiente, die Sparsamkeit.

Freundschaft: Bindungen der Vernunft, auch der Berechnungen.

Gedanken: reale Lebensmeisterung; Erinnerungen an die Lehrjahre; bürgerliches Denken.

Gefahren: Überschätzen des Realen. Bindung an Moralnormen und Gesetze; der verengte Blick auf die Tatsachen; Überschätzen der Logik.

Entwicklungsstufe: Lern-, Lehr- und Erziehungszeit.

Karte 4: Der Herrscher

Die Bedeutung dieses Namens wird im Lauf der folgenden Hinweise klar werden. Hier handelt es sich um den Führer des Lebens, und zwar weniger im individuellen Sinn wie bei der Karte 3, der „Herrscherin", sondern mehr im gesellschaftspolitischen. Es ist der König, der Kaiser, der Präsident, der Pharao, der uns hier begegnet. Wir haben es mit einer autoritären, älteren oder reiferen Person zu tun, der Lebenserfahrung anzumerken ist.

Der Herrscher sitzt auf einem quadratischen Stein, ist also nach allen Seiten im materiellen Sinn gleich ausgerichtet. Das Quadrat symbolisiert immer die materielle, die reale Welt. Der Herrscher ist reich geschmückt.

Tiersymbole sind zu erkennen. Das heißt: Der Herrscher hat das Tierische in sich überwunden. Man kann erst über andere herrschen, wenn man gelernt hat, sich selbst zu beherrschen. Vom Löwen über den Widder und den Adler bis hin zum ägyptischen Falken (stili-

siert) handelt es sich durchaus um eigenwillige, wilde Tiere, die in uns leben (denken wir nur an unsere Träume) und die gezähmt werden müssen. Ist dies gelungen, beherrschen wir die Welt, dann erst strahlen wir eine natürliche Autorität aus und können eine gewisse Stabilität garantieren. Auf dieser Entwicklungsstufe geht es immer noch (wie bei Karte 3) um das Machbare, das Reale. Der Herrscher steht für die weltlichen Gesetze, die beachtet werden müssen, auch wenn sie das Ziel schwerer erreichbar machen. Wir begegnen dem aktiven männlichen Prinzip der Reife, also unserem weltlichen Leitbild, demjenigen, der einen Staat leitet, eine Nation regiert und auch für Gerechtigkeit zu sorgen hat. Er ist verpflichtet, dem Wohl aller zu dienen.

Der Herrscher spielt eine wichtige archetypische Rolle in uns, denn die Sehnsucht nach Autorität ist im Menschen fest verwurzelt, wenn dies auch heutzutage häufig abgeleugnet wird.

Das Bedürfnis nach einer führenden Autorität lebt indessen in jedem von uns, damit verbunden der Wunsch, in eine Gemeinschaft aufgenommen zu werden, deren Gesetze man anerkennen und befolgen muß, wenn man sich eingegliedert und nicht verloren fühlen möchte. Die Zahl 4 ist die Zahl der Wirklichkeit. Wir kennen die *vier* Himmelsrichtungen, die uns an die kosmischen Gesetze mahnen, nämlich an den Aufgang der Sonne, an ihren Höchststand, ihren Untergang und an ihren Tiefstpunkt, den sie um Mitternacht erreicht. Die Chinesen sprechen in diesem Zusammenhang von den *vier* großen Winden, andere von den *vier* Weltenden. In der Bibel werden die *vier* Flüsse des Paradieses – also des Gartens Eden – beschrieben, und die *vier* kleinen Arcana des Tarotspiels spiegeln die *vier* Grundelemente der Antike wider: Feuer, Erde, Luft und Wasser.

Der Mensch hat *vier* Extremitäten (Arme und Beine). Auch die Quadratur des Kreises gehört in diesen Bereich. Ebenso die Rechnung: $1 + 2 = 3 + 4 = 7$. Diese Zahlen führen uns also über die einfache Addition zu den zwei heiligen Zahlen 3 und 7. Oder die Rechnung: $1 + 2 = 3 + 3 = 6 + 4 = 10$. 10 ist die Zahl, bei der das erste Mal die Null Gewicht bekommen. Die 4 symbolisiert die *vier* Qualitäten der Antike: warm, trocken, feucht und kalt. Wir kennen die *vier* Temperamente: cholerisch, phlegmatisch, sanguinisch, melancholisch; die *vier* Evangelisten, die *vier* Jahreszeiten, die *vier* Mondphasen.

Dies alles besagt: Mit der 4 sind wir in der **meßbaren Realität**. Daher bezeichnen viele sie als magische Zahl, was aber mehr im realen Sinn verstanden werden sollte. Die *vier* Grundrechenarten weisen darauf hin: Addition, Subtraktion, Multiplikation und Division. Schließlich wird die Karte 4 zum Symbol der *vier* **Kardinaltugenden:** Gerechtigkeit, Weisheit, Mäßigung und Stärke – *vier* Begriffe, die im Tarot eine maßgebende Rolle spielen, wenn wir statt von der Stärke von der Kraft und statt von der Weisheit vom All sprechen. So gibt uns die 4 – aufbauend auf der 3 – innerlich wie äußerlich eine Ordnung. Sie ist zudem die Zahl Jupiters, denn in dessen astrologischem Symbol läßt sie sich klar erkennen, wie man auf der Karte 4 des Ansata-Tarot gut sehen kann. Kein Wunder, daß die Zahl 4 so zum **realen oder irdischen Glückssymbol** wurde, denken wir nur an das 4blättrige Kleeblatt, das materiellen Gewinn verspricht.

In der Karte 4 begegnen wir Jupiter, der ersten mythischen Gottheit, denn Sonne und Mond sind keine Planeten, sondern Lichter – also über den Planeten stehend. Der Herrscher zeigt sich als ausgesprochene Vaterfigur, damit als **Vater der Zivilisation**.

Die alten Pharaonen, später die Kaiser und Könige, fühlten sich oft als Stellvertreter Jupiters auf Erden, worauf auch der Spruch hinweist: Quod licet Jovi, non licet bovi (Was Jupiter erlaubt ist, ist dem Ochsen nicht erlaubt). Hier genau liegt die **Gefahr** verborgen, der Mächtige immer wieder ausgesetzt sind, da **sie sich mehr Rechte herausnehmen, als sie anderen zugestehen möchten**. Es geht also immer wieder um die **Selbstbeherrschung, die Mäßigung**, den eigenen Anspruch nicht sich selbst, sondern den anderen, der Umwelt gegenüber.

Wir legen einmal die Karte des Narren daneben, um zu sehen, was aus ihm geworden ist. Er ist reich und mächtig, aber eingebunden in Pflichten und Verpflichtungen. Nun steht ihm nicht mehr die ganze Welt zur Verfügung; Reichtum (nicht nur materieller) schränkt die persönliche Beweglichkeit und Freiheit ein.

Die Arbeit an uns selbst wird von Entwicklungsstufe zu Entwicklungsstufe notwendiger. Jeder von uns lebt aus seiner Vergangenheit in der Gegenwart mit der Zielrichtung auf die Zukunft. Was als viertes dazu fehlt, ist die Welt, die Umgebung oder der Raum, in dem wir leben. Wir haben uns also in Raum und Zeit einzuordnen, so schwer es auch fallen mag.

Allgemein: Herrscher, Vater, Beherrscher; Selbstverpflichtung, irdische Macht; Gerechtigkeit.

Liebe: die väterliche oder fördernde Liebe.

Beruf: der Chef, der Vorgesetzte, die Autorität; das Meistern einer Aufgabe, Erfüllung notwendiger Pflichten; der gerechte Lohn.

Gesundheit: Höhe der Lebenskraft; der Arzt; Zivilisations- und Genußkrankheiten durch das Übermaß.

Vermögen: Reichtum, Großzügigkeit, Verschwendung.

Freundschaften: der Förderer, die gute Beziehung; die Logen und Cliquen, die Schickeria.

Gedanken: an die Macht; Führungsanspruch.

Gefahren: Stolz, Eitelkeit, Übermut, Größenwahn; Maßlosigkeit; Selbstgerechtigkeit.

Entwicklungsstufe: Selbsterziehung, Streben nach Leistung; materielle Ausrichtung; Erkennen der Ordnungsprinzipien.

Karte 5: Der Hohepriester

Meister des Schicksals, Meister des großen Geheimnisses: Genau
dies ist die Funktion des Hohenpriesters, hinter dem sich kein anderer als der Gott Thot verbirgt, der in Ägypten häufig mit einem Ibis-
kopf gezeichnet oder gemalt wurde.

Der Gott Thot galt als der Gott der Zeit und der Zahlen. Sein griechischer Nachfolger war Chronos (nach dem wir noch heute das Chro-
nometer benennen), und in der römischen Mythenwelt wurde daraus die Gottheit Saturn, die Gottheit des Schicksals, der Hüter der
Schwelle. Auch der Hohepriester hütet die Schwelle, er prüft, wer sie
überschreiten darf, er ist also gleichzeitig der Glaubenslehrer.

Vor dem Hohenpriester beugen die Menschen das Knie. Mann und
Frau knien, beziehungsweise das Helle und das Dunkle oder auch
das Yang- und Yinprinzip. Dies zu können ist wichtig, womit das
innere Knien, die innere Bescheidenheit gemeint ist. Mit den knienden Menschen erscheint zum erstenmal mehr als eine Person in

menschlicher Gestalt und Pose. Das bedeutet, daß der Mensch jetzt schon so viel an sich erfahren hat, daß er in das Schicksal mit eingreifen darf, wenn er die Schwelle zu einer höheren Erkenntnis überschreitet.

Die drei Personen weisen auf die Dreieinigkeit hin, die damit von den Knienden anerkannt wurde.

Diese Karte mahnt uns, uns mit den Dämonen in uns und um uns herum auseinanderzusetzen, ja zu befreunden. Deswegen kommen sie hinter den Säulen des Tempels hervor.

„Der Hohepriester" wird auch oft die Karte des Hermes Trismegistos genannt, des Drei-Mal-Größten. Hermes Trismegistos hat nichts mit dem griechischen Hermes des Olymps gemein. Auf ihn jedoch soll das Buch des Thot, das wir gerade aufschlagen, zurückgehen. Hermes Trismegistos gilt als der innere Gesetzgeber, der den Einsatz unserer fünf Sinne erfaßt, womit wir bei der Zahl 5 angekommen sind. Die 5 ist aber nicht nur die Zahl unserer Sinne, sondern auch die unserer Finger der linken oder rechten Hand, die greifbare Zahl, die Mitte der Zahlenreihe 1 bis 9, also die Mitte der Einzel- oder der Individualzahlen. Die 5 symbolisiert ferner, was der Mensch gebraucht: Kopf, Arme und Beine. *Fünf* Steine brauchte David, um den Riesen Goliath zu besiegen, das heißt, mit der 5 ist der Mensch handlungsfähig und dem Schicksal nicht mehr hilflos ausgeliefert. Wenn wir die 2 der Hohenpriesterin mit der 5 des Hohenpriesters addieren, kommen wir auf die heilige Zahl 7. Thot (und in der späteren Entwicklung Saturn) ist der *fünfte* Planet, zudem der letzte, der mit bloßem Auge bei der Himmelbeobachtung sichtbar ist. Er wurde deshalb als Hüter der Schwelle angesehen, weil hinter ihm eine neue Welt beginnt, in die die gewöhnlichen Sterblichen keinen Einblick haben.

Der altägyptische Gott Thot galt auch als der Gott der Schreibkunst. Erinnern wir uns, daß die Hohepriesterin ein Buch aufgeschlagen hatte, in dem wir unsere Erfahrungen festhalten konnten. Nun kann nach der Einweihung, nach der Einführung in die Kunst des Lesens und Schreibens diese Arbeit angefangen werden.

Bis hierher haben uns die großen Göttinnen, Herrscher und Führer begleitet und belehrt, von der folgenden Karte an ist der Mensch viel mehr auf sich allein gestellt. Nach der Einweihung muß er die Zeit nutzen, da Gott Thot über die Zeiteinteilung wacht.

Die Säulen des Tempels scheinen endlos in den Himmel zu wachsen, so als wollten sie Himmel und Erde verbinden. Diese Verbindung soll den Menschen die Angst nehmen, die sie meist erfaßt, wenn sie meinen, dem Schicksal ausgeliefert zu sein. Saturn ist immer auch das Symbol der Angst gewesen. Er selbst hatte Angst, daß seine Kinder das Leben nicht bestehen würden. Deswegen fraß er sie auf, damit sie in ihm reiften und sich später – nach ihrer Befreiung durch Jupiter – gefestigt entfalten.

Das Knien vor einer Gottheit nimmt den Menschen oft die Angst, stärkt sie, ermuntert sie, weil sie sich geborgen und geschützt fühlen. Dabei ist die Einsicht in den eigenen Charakter meist die beste Lehre, die ein Mensch empfangen kann. So sollte man sein Unterbewußtsein, seine Seele kennen, um für sich selbst analysieren zu können, welchen inneren Triebfedern man eigentlich folgt. Diese Besinnung kann aber nur in der Ruhe eines Tempels (innerlich oder äußerlich) gefunden werden sowie in einem Zustand der Ehrfurcht und der Demut. Damit bekommt das Knien eine aktive Funktion, es ist kein Sichergeben.

Das kommt in dieser Karte zum Ausdruck. Neben der Karte 20 entspricht sie am deutlichsten der religiösen Sehnsucht, mit der wir uns alle irgendwann auseinandersetzen, was zur Anerkennung des Glaubens oder zur Gleichgültigkeit führen kann.

Stellen wir eine Beziehung zwischen dem Narren und dieser Karte her, müssen wir uns diesen Vagabunden vor dem Hohenpriester kniend vorstellen. Fast undenkbar, daß er jenem auch nur halbwegs gleichberechtigt gegenüberstehen könnte! So ist immer wieder die Rückerinnerung an den Ausgangspunkt der Stufe Null nötig, damit wir auch bemerken, wie lang der Weg der Entwicklung über die fünf Stufen inzwischen schon geworden ist. Der Hohepriester hat die Aufgabe, die Menschen mehr im höheren Sinn zu erziehen als durch dogmatisches Verhalten. Der Herrscher kann sich noch dogmatisch geben, auch wenn ihm das nicht gut ansteht, der Hohepriester niemals. Das Knien darf nicht als Muß, sondern sollte als freiwillige Einordnung angesehen werden. Daher schaut der Hohepriester die Knienden auch nicht zwingend an, sondern blickt mehr oder weniger seitwärts über sie hinweg.

Auf dem einen Bild sehen wir eine Frau, die das männliche Attribut, das Schwert, hält, während der Mann das weibliche Attribut, eine

grünende Pflanze, zeigt: die Erkenntnis, daß im Mann die Frau lebt, in der Frau der Mann.

Allgemein: Zeitgesetze, Zeitablauf; Prüfung auf Herz und Nieren; die Einsicht in die eigene Kleinheit.

Liebe: die Prüfung der Liebe, der Bindung.

Beruf: die Erprobung, der Meisterbrief.

Gesundheit: Krankheit als Besinnungsphase; die Krise einer Erkrankung, der kritische Punkt.

Vermögen: die Opferbereitschaft, das Ertragen von Verlusten; die Lehre, Materielles nicht überzubewerten.

Freundschaften: in der Prüfung oder Erprobung; der Einsatz für eine Freundschaft, um diese zu erhalten.

Gedanken: das Gewissen, die innere Demut; die Auseinandersetzung mit dem Glauben.

Gefahren: Kleinmut, Angst, Verzagtheit, Scheinheiligkeit, Pharisäertum, Schuldablehnung.

Entwicklungsstufe: Lebenskrise, Selbstprüfung, Glaubensauseinandersetzung, Zeit der Klausur.

6 | DIE ENTSCHEIDUNG | ☿

Karte 6: Die Entscheidung

Ein Mensch – hier ein Mann – muß eine Entscheidung treffen: die erste nach der Beendigung des Lehr- und Einweihungsweges, wenn ihm auch dabei, für ihn unsichtbar, ein Himmelscupido helfen will. Oder möchte er ihn ablenken?

Der Mensch ist also in den Vordergrund gerückt. Er scheint bereits auf sich allein gestellt zu sein.

Ein Irrtum allerdings wäre es, anzunehmen, daß es sich hier um Erotik, um Leidenschaft dreht! Auf dieser Stufe sind wir noch nicht angelangt. Es handelt sich um den Weg an sich.

Die sehr gegensätzlich gestalteten Frauen auf den Karten bedrängen den Mann nicht. Es geht ja um den hellen beziehungsweise um den dunklen Weg – um den Weg des Geistes und der Seele oder um den Weg des Fleischlichen.

Setzen wir den Narren in Beziehung zu dieser Karte, entdecken wir, daß die Entwicklung von der Null scheinbar noch nicht weit voran-

gegangen ist, denn der Narr könnte sich durchaus zwischen den beiden Frauen schwer tun. Auf sich allein gestellt, fällt der Mensch also verhältnismäßig leicht in die Narretei zurück.

Wir können auch annehmen, daß beide Frauen im Grunde eine weibliche Person sind, nur mit ihren zwei Seiten, die der Mann sehen muß, ehe er sich entscheidet.

Die Karte hat die Zahl 6, die Zahl der 2 mal 3. Und drei Personen finden wir hier auch, aber nicht im Sinn der Fortpflanzungszahl. *Sechs* gilt als Ergänzungszahl. In der Astrologie ist das Sextil der Venus-Aspekt, also ein Hinweis auf Gefühl und Empfinden, wobei der Verstand ausgeschaltet sein könnte. Aber genau das darf er nicht sein, nicht auf dieser Entwicklungsstufe! Daher zielen die Pfeile – wie schon erwähnt – auf den Kopf und nicht aufs Herz.

Pythagoras nannte die Zahl 6 die erste „vollkommene“ Zahl, weil sie durch die 1, die 2 und die 3 ohne Rest teilbar ist. Gott schuf die Welt in *sechs* Tagen, und die *sechs* Werktage waren lange Zeit hindurch das Symbol der Arbeitsmessung. Die 6 steht auch für das „wie oben, so unten“. In dieser Karte kommt dies zum Ausdruck, weil der Himmel (ob als Engel oder Cupido) noch nah ist, die Entscheidung aber für das Erdenleben getroffen werden muß, für den realen Weg, der in die irdische Zukunft weisen soll!

Auf dem Bild ist Hermes/Merkur übergroß zu sehen, der Gott, der in den Mythen das Denken und Handeln symbolisiert. Ab jetzt besteht sicher die Gefahr, daß der Verstand, die Vernunft immer kopflastiger werden, daß die intellektuelle Klugheit sogar die Wahl des Herzens überschatten kann. Auch dies ist eine Situation, mit der sich jeder im Leben beschäftigen muß: Folge ich mehr meinem Bewußtsein oder mehr meinem Unbewußten? In diesem Sinn sind die Hinweise auf das Helle und das Dunkle zu verstehen, nicht in der Interpretation von Gut und Böse. Denn was böse ist, darüber streiten nicht nur die Gelehrten, sondern auch Gesetzgeber und Moralapostel.

Wir befinden uns kurz vor dem Abschluß des ersten Weges und können sagen, daß nun die Prüfungen des Erwachsenen beginnen. Auch dies kennt jeder: Soll man im Moment einen guten Job ergreifen oder die Mühsal der weiteren Ausbildung auf sich nehmen, was sicherlich auch materiell bedrückend sein kann?

Im Grunde ist bei einer Sache fast immer die erste Entscheidung ausschlaggebend – die Antwort folgt auf dem Fuße, und schon sind wir

in der ganz freien Entschlußmöglichkeit eingeengt und beschränkt. Kein Wunder, daß diese Phase des Entweder-Oder so schwierig ist! Sich richtig entscheiden können, das ist eine Gnade, die den Menschen in die Nähe des Göttlichen bringt, wenn auch mit all den sich daraus ergebenden Gefahren. Wir erkennen dies in der heutigen Zeit ganz auffallend an der Veränderung unserer Umwelt, die sich als Folge gravierender Entschlüsse – in positiver, aber auch in negativer Hinsicht – präsentiert.

Meist ist mit dem Einschlagen eines Weges ein Verlust verbunden, und mag dieser auch nur auf der Vorstellung beruhen, daß man damit etwas aufgibt. Von diesem Grübeln wird der Kopf zerfressen, ausgehöhlt, zermürbt – besonders gut am Haupt des Hermes dargestellt.

Allgemein: die Entscheidung, die Wahl des Weges, Gebrauch des Verstandes, Abwägen der Möglichkeiten.

Liebe: die Wahl zwischen Vernunft und Leidenschaft.

Beruf: die Entscheidung für eine Berufswahl, das Bedenken der Möglichkeiten, das Abwägen bei Berufsentscheidungen.

Gesundheit: die Wahl des Arztes und der Behandlungsmethode, der Arzneien; das Nervenkostüm.

Vermögen: die richtige Anlage.

Freundschaften: Entscheidung pro oder kontra.

Gedanken: Was tun? Was bringt Vorteile, was bringt mich weiter, worauf kommt es mir im Grunde an, was soll ich tun, wenn ...

Gefahren: Kopflastigkeit, Überbetonung des Verstandes, Kabbalistik, Wortspielereien, böser Witz.

Entwicklungsstufe: Entscheidungsphase, Eigenverantwortlichkeit.

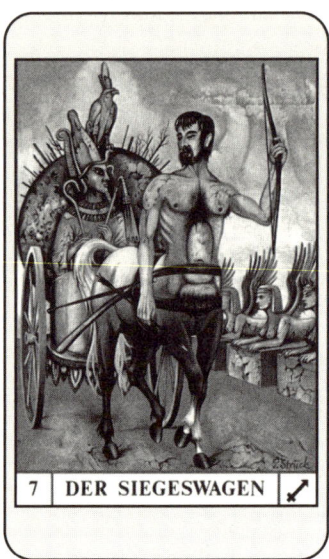

Karte 7: Der Siegeswagen

Der Pharao beherrscht die Karte, auf der ein Kentaur den Wagen zieht.

Der werdende Mensch (der sich ja erst aus dem Kentaur entwickelt) ist tatbereit und zieht selbst die entscheidenden Fäden. Dabei geht es hier nicht um den Kampf gegen einen äußeren, sondern wie stets im Tarot gegen den inneren Feind.

Zunächst scheint man einen Sieg über sich selbst errungen zu haben – das ist die Grundbedeutung dieser Karte; aber es kann sich durchaus um einen Pyrrhussieg handeln!

Legen wir die Karte mit dem Narren daneben, ist er kaum wiederzuerkennen. Er hat sich hier inzwischen zum Lenker des Siegeswagens entwickelt, und in dieser Rolle gefällt er sich.

Der Kentaur ist nach ältesten Mythen das Symbol des strebenden Menschen, der aus dem animalischen Bereich (dargestellt durch das Pferd) herauswachsen will, was aber nicht so leicht gelingt. Wir

wissen, daß die Kentauren Lehrer waren und die Göttersöhne unterrichteten. Der Kentaur Chiron, der Lehrer des Achilleus, war durch einen vergifteten Pfeil des Herakles (aus Versehen) verwundet worden. Er war unsterblich, doch wünschte er seinen Tod herbei, um von seinem Leiden erlöst zu werden. Zeus erlaubte ihm, seine Unsterblichkeit an Prometheus weiterzugeben, und versetzte den toten Chiron an den Himmel, wo ein Sternbild nach ihm benannt wurde. Bemühungen und Streben werden also vom Himmel belohnt, gerade wenn die Mühe besonders groß ist: Dies ist die Essenz der mythischen Legende. Der Kentaur auf unserem Bild dient dem Gottstellvertreter mit seiner ganzen Kraft, er hat sich vor den Wagen des Osiris gespannt, um sich gegebenenfalls kampfbereit für den Pharao zu opfern.

Die Karte soll in diesem Sinn zeigen, daß es den Stolz nicht verletzt, wenn man einem Fürsten, einer höheren Schöpferkraft dienen möchte.

„Der Siegeswagen" ist die Karte 7. 7 ist die zweite heilige Zahl. Der siebte Tag ist der Tag des Schöpfers, an dem er ruhte, nachdem er die Welt erschaffen hatte. Alle Religionen kennen den siebten Tag als Tag des Herrn, an dem seiner gedacht werden soll. Von daher leitet sich auch die Sieben-Tage-Woche ab, die durch das Licht des Mondes unterstrichen wird, denn der Mond benötigt für den Wechsel von einer Phase zur anderen sieben Tage.

7 ist außerdem die Zahl von Saturn, und auch der Uranus-Rhythmus kündigt uns einen Siebener-Takt. 7 ist die Zahl der antiken Astrologie, in der die zwei Lichter und die fünf Planeten die Geschicke der Welt zwar nicht bestimmen, aber anzeigen sollten. Es ist die Zahl der Weltwunder, die Zahl der Hügel, auf denen nicht nur Rom, sondern noch viele andere Städte erbaut sein sollen. 7 ist die Zahl des Himmels, damit die Zahl des Geistes im Gegensatz zur Zahl 4, die ja die Materie, den Mutterstoff, die Erde darstellt. So braucht die 4 wiederum eine heilige Zahl, die 3, um mit dieser Addition auf die 7 zu kommen. Wir haben es in diesem Bild also nicht mit einem Krieger zu tun, sondern mit dem selbstbewußten Menschen, der sich überwunden hat und nun den kommenden Konflikten ins Auge blicken möchte.

Schwierigkeiten sind zwar vorprogrammiert, aber am Ende des ersten Weges scheint der langsam reifende Mensch dafür gerüstet

zu sein, der äußere Erfolg ist nicht so wichtig, so sehr man sich auch über ihn freuen mag. Aber es geht um mehr! Der Mensch – so kann man sagen – hat seine Gesellenprüfung für das Leben abgelegt, der Wagen wird ihn jetzt weitertragen, ihm neue Horizonte erschließen.

Wir dürfen in diesem Zusammenhang nie vergessen, daß eine der größten Erfindungen des menschlichen Geistes die Schaffung des Rades war. Damit konnte die Welt erobert werden, der Mensch war nicht mehr allein auf seine Füße oder auf den Rücken des Pferdes, des Kamels oder anderer Tiere angewiesen. Das Rad barg weitere Möglichkeiten in sich, von denen wir hier noch das Mühlrad nennen wollen. Mit dem Rad wurde der Wagen erfunden. Damit war der Mensch beweglicher geworden, er hatte sein erstes entscheidendes Hilfsmittel gewonnen. Danach kam die Schule des Lenkens, die aber erst im zweiten Weg unserer Reise durch die Tarotwelt absolviert wird.

Die Sphinxen unterstreichen die Unsicherheit des kommenden Weges, denn es war eine Sphinx, die den Menschen ihr Lebensrätsel stellte: Morgens auf allen vieren, mittags auf zwei, abends auf drei Beinen. Die Lösung: Der Mensch als gerade geborenes Kind, auf seiner Lebenshöhe und im Alter am Stock gehend. Auch diese Entwicklung klingt hier an. Die Versuchung wird durch die teuflische Sphinx mit Hörnern angedeutet.

Die Mythen berichten davon, daß jeder Mensch, der sich Gottähnlichkeit anmaßt, von den Göttern niedergestreckt wird. Ikarus ist ein Beispiel: Da er sich auf seinem Höhenflug zu sehr der Sonne näherte, verbrannte er in ihren Strahlen. Im Gegensatz dazu steht die mythische Erzählung von Phaeton, einem Sohn Apollos, der voreilig die Zügel der Macht ergriff, der Sonne entgegenfuhr, aber von einem Skorpion abgelenkt wurde, so daß Zeus ihn mit einem Donnerkeil tötete. Hier war der Siegeswagen auf eine falsche Spur gelangt. Mit dem Besitz eines Wagens erhöhen sich also die Chancen, aber gleichzeitig türmen sich auch Gefahren auf.

Vom Wagenlenker zu Delphi ist folgender Spruch überliefert: „... nicht auf den Wogen der Stimmungen zu reiten, zu lenken, sondern sich gemessen selbst an den Zügel der Emotionen zu nehmen!" Bei aller Freude über einen Sieg also darf nichts im Übermaß geschehen, das ist die Botschaft dieser Karte und die Lehre aus dem ersten Weg, den jeder bis hierher gegangen ist.

Allgemein: Sieg über sich selbst, Selbstüberwindung, aus dem Animalischen herauswachsen.

Liebe: Selbstbewußtsein, Stärke, Kraft, Stolz, Gewinn.

Beruf: Aufstieg, aber auch Chefgebaren; Übermut.

Gesundheit: voller Kraft; Heilung aus sich heraus; Gefahren durch Selbstüberschätzung im Sinn von „Mir kann nichts passieren. Ich überlebe!"

Vermögen: Vermehrung; hoher Kapitalgewinn.

Freundschaften: Führung übernehmen, die erste Geige spielen.

Gedanken: Ich schaffe es; ich bin wer, ich lasse mir nicht die Butter vom Brot nehmen.

Gefahren: Selbstüberschätzung, Über- und Hochmut; zu starke Siegessicherheit; arbeiten ohne Netz; Waghalsigkeit.

Entwicklungsstufe: Eigenbestätigung, daraus resultierende Verführungen; optimistische Lebensphase.

Karte 8: Die Gerechtigkeit

Die Waage und das Schwert weisen auf eine kämpferische Gerechtigkeit hin. Dieses Motiv ist uralt, es stammt aus Ägypten, wo man das Totengericht so darstellt: Das Herz des Verstorbenen wurde gegen eine Flaum- oder Tierfeder aufgewogen. War das Herz schwerer, also von Schuld belastet, dann wurde es einem Untier – meist einem Anubishund – zum Fraß vorgeworfen.
Die Frau, die die Gerechtigkeit symbolisiert, zeigt sich sehr kämpferisch. Schuldige haben kein Pardon zu erwarten. Dieses Gerechtigkeitsgefühl lebt in jedem von uns. Nur dann wird uns das Gegenüber Gnade erweisen, wenn wir unsere Schuld eingestehen. Selbstgerechtigkeit führt auf keinen Fall zu einem milden Urteil. Gerechtigkeit ist eine der Kardinaltugenden, die es besonders zu bewahren und zu behüten gilt. Das Schwert ist übrigens zweischneidig, das heißt, daß es keine einseitige Gerechtigkeit geben darf, da Einseitigkeit nie gerecht ist.

Nichts ist schwerer, als andere Menschen richtig zu beurteilen oder ihnen die verdiente Gerechtigkeit zukommen zu lassen. Dazu gehört eine Eigenerziehung zur Objektivität.

Wenn wir neben diese Karte den Narren legten, dann würde uns wohl klar werden, daß dieser in seinem subjektiven Freiheitsdrang kaum auf eine ausgewogene Waage hoffen dürfte. Er könnte nur um mildernde Umstände bitten, damit er Zeit bekäme zu lernen.

Es geht hier nicht nur um reale Taten, sondern um das karmische Gesetz, daß niemand *für* seine Sünden, sondern *durch* seine Sünden bestraft wird. Die Beziehung zum Karma, die wir hier aufgedeckt haben, führt uns zur Bedeutung der Zahl 8.

Sie spiegelt sich auch in den beiden Schalen der Waage wider, denn aneinandergerückt ergeben sie eine 8. Diese Zahl ist, wie wir von der Karte 1 („Der Magier") wissen, die Zahl der Unendlichkeit, des ewigen Kreislaufs. Auch die Lemniskate ist eine liegende 8.

8 ist 4 + 4, die doppelte Materie, an der die meisten Menschen sündigen, weil sie die Materie überschätzen. Sie ist die Zahl der Ganzheit, wenn wir das Bewußtsein und das Unbewußte als Kreise ansehen. In Ägypten symbolisiert die Gerechtigkeit die Göttin Ma'at, was soviel wie „Suche" heißt. Wahre Gerechtigkeit müssen wir also suchen, sie liegt nie so klar auf dem Tisch, wie wir es uns wünschen, sie ist nicht mathematisch abwägbar oder bestimmbar und mit Verstandesüberlegungen allein nicht zu finden, wie gut unsere Gesetze auch werden mögen. Dazu bedarf es einer Priesterin oder Königin/Prinzessin, die als Stellvertreter des Himmels dieses Amt ausübt.

Auch im Jahresablauf erleben wir so gut wie nie eine Gleichheit. Denn im Frühling und im Sommer steht die Sonne länger über dem Horizont als der Mond, dann haben wir also den längeren Tag. Im Herbst und im Winter dagegen scheint der Mond am Himmel länger als die Sonne am Tag, die Nacht überwiegt. Nur an zwei Tagen des Jahres ist der Tag so lang wie die Nacht und umgekehrt: An den Tagen der Frühjahrs- oder Herbst-Tagundnachtgleiche. Deswegen stehen sich Sonne und Mond auch gleichberechtigt gegenüber.

In Ägypten wurde die Gerechtigkeit immer mit der Wahrheit gleichgesetzt, oder die Wahrheit mit der Gerechtigkeit. Dahinter steckt eine jahrtausendealte, sozial geprägte Erfahrung, die mehr aussagt als viele Schriften oder kluge Bücher. Auch gaben die Ägypter den Menschen ein Leben lang Zeit, um ihr Herz zu wägen. Erst am Ende

wurde entschieden: Wird das Herz dem Höllenfresser vorgeworfen, oder darf es die Reise durch die Nacht antreten, um wieder zum Leben zu gelangen.

Wie sehr übrigens die Gerechtigkeit mit dem Schwert verbunden war und ist, beweist der Volksmund, der davon spricht, daß etwas auf des Messers Schneide steht. So knapp kann es beim Abwägen zugehen! Eine Verpflichtung für uns, nicht vorschnell oder aus der Emotion heraus zu urteilen oder gar zu verurteilen! Besonders Vorurteile sind meist fern von jeder Gerechtigkeit und belasten die innere Balance, ja bringen sie aus dem Gleichgewicht.

<u>Allgemein:</u> Ausgleich, Gerechtigkeit, Harmoniestreben; In-sich-Ruhen; Balance der Werte und Gewichte.

<u>Liebe:</u> die Harmonie und Gleichberechtigung der Bindung.

<u>Beruf:</u> sich gut bewertet fühlen; Harmoniestreben am Arbeitsplatz; Chancen, weiterzukommen.

<u>Gesundheit:</u> sanguinische Hoffnung; weder Streß noch Trägheit; gesunde Lebenshaltung.

<u>Vermögen:</u> den Lebensumständen angepaßt; gutes Auskommen.

<u>Freundschaften:</u> im inneren Gleichgewicht; Geben und Nehmen.

<u>Gedanken:</u> ideell auf Gerechtigkeit ausgerichtet; Harmoniedenken.

<u>Gefahren:</u> sich auf die Gerechtigkeit verlassen. Zu abwartende Grundhaltung: Andere werden es schon machen! Einsatzmangel.

<u>Entwicklungsstufe:</u> Ausgleich in sich finden als Voraussetzung für ausgeglichenen Lebensablauf!

Karte 9: Der Eremit

Der Eremit scheint eine gewisse innere Beziehung zum Narren zu haben, denn wenn man dessen Karte daneben sieht, könnte man versucht sein zu sagen: Hier haben wir es mit einem altgewordenen Narren zu tun.

Entscheidender ist in diesem Bild jedoch die Lampe. Sie leuchtet nicht nach außen, sondern nach innen. Auch der Stab strahlt von innen heraus.

Der Eremit erscheint auf den ersten Blick als weiser alter Mann, was wir aber nicht überschätzen dürfen; war man doch früher der Ansicht, daß erst Weise nach innen schauen können. Besser wäre zu sagen, daß das Nach-innen-Schauen erst weise macht.

Denken wir noch einmal an unseren Ausgangspunkt. Der Narr war wie der Einsiedler auf der Wanderschaft, nur wanderte der Narr nach außen, während der Eremit nach innen wandert – in sich hinein. Sicher muß man im Leben beide Wege gehen, doch dürfte die

Reise nach innen die bedeutend schwierigere sein. Als Zeichen des Unterwegsseins tragen beide – Narr wie Eremit – eine Kappe oder Kapuze, nur führt der Narr noch kein eigenes Licht mit sich; das ist der große Unterschied.

Das Gewand des Eremiten ähnelt einem Büßergewand, zeigt aber keine Buße an, sondern will uns sagen, daß der Blick nach innen Bescheidenheit verleiht. Dazu bedarf es keines großen Aufwandes von außen. Es ist die Karte, die Entwicklungsstufe, bei der uns im Grunde genommen die Psychologie am deutlichsten begegnet, wenn auch alle 21 Stationen so zu werten sind. Aber hier geht es schon fast um eine psychologische Analyse, der man sich unterziehen muß, bevor die nächste Station anvisiert wird.

Die 9 ist die letzte der Einzelzahlen. Es handelt sich hier um die Potenzzahl der heiligen 3. Die 9 ist aus vielerlei Gründen in die Geschichte als die „unheimliche" Zahl eingegangen. Man nehme irgendeine Zahl, die hinten keine Null hat, sagen wir 43, und errechne die Quersumme: $4 + 3 = 7$. Wenn wir nun zur 43 die 9 dazuzählen, dann bekommen wir die Zahl 52. Auch hier lautet die Quersumme $5 + 2 = 7$. Wenn wir zu irgendeiner Zahl die 9 addieren, bleibt die Quersumme immer gleich.

9 wurde somit zur Zahl der Dämonen. Auf der Karte werden diese sichtbar. Da ist der Hund (kein Cerberus aus der Unterwelt) mit drei Köpfen und drei Schlangenschwänzen. Dies ergibt multipliziert auch die 9.

Das Ungeheuer links oben zeigt neun Augen und fordert uns damit auf, den eigenen Dämonen offen ins Gesicht zu sehen. Daß dadurch den Menschen nichts Böses geschieht – viele scheuen sich ja deswegen, ihren Dämonen ins Gesicht zu schauen –, garantiert eben die Zahl 9, da sich die Quersumme, der innere Wert also, ja nicht verändert! Aber das eigene Wissen über sich ist so zu steigern, wie die 9 nun einmal die Einzelzahl ist, die jede Summe durch Addieren oder Multiplizieren am schnellsten erhöht.

Der Eremit symbolisiert unsere innere Weisheit, die es zu entdecken gilt. Dieser Weise ist zusätzlich ein Animus- und Archetyp, der in uns lebt, auch wenn heute das Alte, die Senioren und Seniorinnen kaum mehr den Respekt genießen, den einst der alte Mensch als selbstverständlich für sich in Anspruch nahm. Dafür nehmen die Alten heute besser ihre Rechte wahr.

Eine Volksweisheit sagt: „Das Glück (oder Unglück), das ganz nahe liegt, das sieht man nicht." Das bedeutet, daß die Menschen zwar hinaus und in die Ferne schauen können, weit in den Kosmos hineinstreben, aber ihre eigene Welt nicht kennen.

Für die Psychologen zeigt sich dies in anderer Hinsicht. Da heißt es, daß einem die Fehler bei anderen Menschen am meisten auffallen und einen auf die Palme bringen, die man selbst besitzt. Wer sich folglich über den Hochmut oder den Geiz bei anderen aufregt, sollte zuvor prüfen, ob er nicht selbst eine Veranlagung dazu hat. Diese „Projektion", wie die Psychologen den Vorgang nennen, weil wir etwas von uns auf das Gegenüber projizieren, kann nur abgebaut werden, indem wir unsere eigenen meist verborgenen Eigenschaften aufdecken. Darum geht es bei dieser Entwicklungsstufe. Der Einsiedler hört also in sich hinein.

In der alchimistischen Auslegung des Tarot wird diese Karte im Sinn des Eingeweihten gedeutet. Auch dies weist auf die Grundproblematik dieser Lebensphase oder -stufe hin: sich mit seinem eigenen Wesen vertraut zu machen. Dazu gehört noch etwas, was beim Eremiten bestens erkennbar ist: Er schweigt. Der Blick ist nach innen gerichtet, der Mund verschlossen. Der Einsiedler hört also in sich hinein. Er nimmt mit den Sinnen wahr, ohne das Wahrgenommene gleich weiterzugeben – er verkündet nicht, er lernt.

Mit dem Namen „Eremit" ist übrigens nicht gemeint, daß wir uns von der Welt zurückziehen sollen, wie es manchmal etwas oberflächlich gedeutet wird. Das ist unmöglich, nicht jeder kann ein Einsiedlerleben führen. Aber wir sollten bei allem Trubel Ruhe finden, um in uns einkehren zu können.

Die Kutte des Einsiedlers verleitet oft zur Annahme, daß es sich hier um etwas Religiöses handle oder daß ein Mönchsleben – in welcher Form auch immer – auf uns zukomme. Richtig ist, daß wir alle den Abschied von gewissen Dingen ertragen müssen. Wer beispielsweise in seinem Leben viel gegessen oder getrunken und anderen Genüssen nachgestrebt hat, wird in der Mitte seines Daseins erfahren, daß es nun langsam gilt, davon doch etwas Abstand zu nehmen, soll die zweite Lebenshälfte gut genutzt werden. Die vorliegende Karte verlangt also keine tiefe Reue, sondern Einsicht.

Es geht wirklich weniger um vernunftmäßige Bilanzen oder Erkenntnisse, sondern um das Insich-Schauen. Grübeln, Nachden-

ken – das sind sicher wichtige menschliche Tätigkeiten, aber sie können hier nicht viel ausrichten. Ein Grund auch, warum diese Karte und diese Entwicklungsstufe vielen Kartenbetrachtern im Grunde fremd, ja unheimlich bleibt.

<u>Allgemein:</u> Einsichtigkeit, Insichgehen, die Klausur. Dämonen, das heißt, eigene Fehler erkennen.

<u>Liebe:</u> die höhere Liebe; die nicht so weltliche Ausrichtung der Zuneigung; das stumme Verstehen.

<u>Beruf:</u> die Erholung, der Abschied; die Bilanz.

<u>Gesundheit:</u> das Erkennen psychosomatischer, seelischer Voraussetzungen, die zur Erkrankung führten; Heilprozesse aus sich selbst.

<u>Vermögen:</u> die stillen Werte des Geistes, der Grundhaltung.

<u>Freundschaften:</u> der Mut, sich abzusondern, sich abzuschließen.

<u>Gedanken:</u> das Insichgehen; die Besinnung.

<u>Gefahren:</u> über den Dingen schweben, sich abkapseln, eigentümlich werden; Übertreibung von Askesen.

<u>Entwicklungsstufe:</u> Einsichtigkeit, mit sich ins reine kommen; das Sicherkennen, die Eigenentschleierung.

| 10 | DAS FORTUNE | ♉ |

Karte 10: Das Fortune

Diese Karte heißt Fortune, hat aber nichts mit dem äußerlichen oder materiellen Glück zu tun, nichts mit dem Glück der Liebe oder dem Glück im Beruf. Es geht um „Fortune"! Glück kommt von außen – Fortune von innen. Fortune muß man haben. Unvergeßlich die Worte des Kaisers Napoleon, der sinngemäß sagte: „Die erste Voraussetzung für einen General ist die, daß er Fortune hat!" Wie viele kluge Politiker haben kein Fortune, wie viele Künstler vermissen schmerzlich dieses Geschenk, das einen ja erst von der Masse absetzt.

Wir haben es hier mit dem Rätsel des Lebens zu tun. Dieses Rätselhafte wird durch die Sphinx ausgedrückt. Vom sich drehenden Rad kann man in den Abgrund stürzen, in die dämonische Schlangenwelt, aber man kann sich auch festhalten, um sich mit dem Rad unter oft tierischen Mühen wieder nach oben zu arbeiten. Daher sind die Figuren am Rad als Tiere dargestellt. Die Menschen, die das Tieri-

sche (das hier negativ gemeint ist) nicht losgeworden sind, müssen in die Unterwelt, um von dort aufzusteigen, indem sie die Bestie in sich überwinden.

Schwere Arbeiten wurden im Volksmund als tierisch bezeichnet. Der Ausdruck „Ich habe geschuftet wie ein Tier" dürfte jedem bekannt und geläufig sein. Auch die Redewendung: Bin ich denn ein Tier?, wenn man eine Arbeit zugeteilt bekommt, die einem überhaupt nicht paßt. Die Schlangendämonen bauen noch auf der Karte 9 auf, wo sie uns zum erstenmal begegneten.

Ein weiteres Symbol, das hier verborgen ist: Alles dreht sich. Das Rad dreht sich wie die Erde um die eigene Achse, so daß jeder Flekken immer wieder aus der Helligkeit in die Dunkelheit wandern muß. Wer oben ist, muß hinunter, wer unten ist, kann herauf.

Der ewige Kreislauf, dem wir ausgesetzt sind, drückt sich auch durch die Null der Zahl 10 aus. Zum erstenmal begegnen wir einer zweistelligen Zahl. Es ist die Zahl des Magiers plus jener des Narren, was im Grunde bereits die ganz tiefe Bedeutung des Bildes erläutert: Wenn wir noch soviel erkannt, noch so viel geschafft haben, wir dürfen nie annehmen, daß wir am Ende eines Weges angelangt sind, denn das wäre echte Narretei. Das Bemühen hat nie aufzuhören. „Werd' ich zum Augenblicke sagen: Verweile doch! du bist so schön! Dann magst du mich in Fesseln schlagen", heißt es in Goethes Faust. Nur wer nicht verweilt, der bekommt doppelte, eben zweistellige Möglichkeiten! Die Null hat endlich einen Wert erhalten.

Wer die Karte des Narren neben die Karte „Das Fortune" legt, kann sich gut vorstellen, wie dieser sich abstrampelt, um oben zu bleiben! Wenn er das aber schafft, wird der Narr zum Magier. Deshalb führt nun eine 1 jede Zahl an. Man sollte also ab jetzt zu den Bildstationen des zweiten Teils statt des Narren den Magier legen.

Keiner kann sich auf Dauer oben festsetzen; dies ist der Platz der Sphinx und wird von ihr belegt. Wie sehr wir alle vom Himmel abhängig sind, kommt durch die Bildgestaltung gut zum Ausdruck: Das Rad steht mitten im Himmel.

Der Aufstieg, der Wille zur Leistung ist mit Freude, zumindest mit Eifer verbunden, während der Abstieg oder die Angst davor Schrekken und Verzagen auslösen. Im Mittelalter wurde das Rad, die herrlichste Erfindung der Menschheit, auch als Folterinstrument benutzt. Viele gebrauchen noch heute das Wort, daß sie sich „gerä-

dert", also wie gefoltert fühlen. Ixion wurde von Zeus auf ein feuriges Rad (die Sonne) gebunden, weil er seinen Schwiegervater ermordet und sich maßlos in Zeus' Gattin Hera, die Mutter des Olymp, verliebt hatte. Man weiß ja, daß die Sonne auch höllische Qualen bereiten kann, besonders denen, die ihr ungeschützt ausgesetzt sind.

Aber das Rad sagt uns noch mehr. Es repräsentiert die Sehnsucht nach dem „perpetuum mobile", der ewigen Bewegung, die sich aus sich selbst erzeugt, also keine Kraft irgendwelcher Art benötigt: ein ewiger Menschheitstraum, der den Einsatz von Energie ersparen soll. Das Rad ist also auch das Symbol für Energie, denken wir nur an das Mühlrad oder das Räderwerk einer Uhr.

Im Tarot ist auf dieser Karte kein Mensch abgebildet. Aber alles, was in uns lebt, zählt zum menschlichen Aspekt. Wir können uns hier also durchaus gut erkennen! Im Tarot gibt es nichts, was nicht mit dem Menschen zu tun hat. Dazu gehört auch die Einsicht, daß das Rad sich ewig dreht, daß jeder, der darauf sitzt, auch einmal abgeworfen wird. Wir nähern uns jetzt der Entwicklungsstufe, in der wir uns auch gedanklich mit dem Tod auseinandersetzen müssen. Alles bewegt sich, nichts bleibt stehen.

Der Mittelpunkt des Rades ist da, wo sich die Speichen treffen. Diesem Mittelpunkt bleiben wir immer fern. Wir werden nur auf das Rad des Lebens gespannt, damit wir unser Fortune erproben können, und das Auf und Ab ist ein Lebenselixier. Nicht ohne Grund sind auf einem Jahrmarkt genau die Vergnügungen so beliebt, die dieses Prinzip spielerisch zum Ausdruck bringen: das Karussell und die Berg- und Talbahn, die Achterbahn sowie in ganz besonderer Weise das Riesenrad.

Das Runde verbindet auch, deswegen sprechen wir, wenn es gemütlich ist, von einer geselligen Runde; wir hocken gern im Kreis, der alle(s) auf natürliche Art zu vereinen scheint – anders als das Quadrat, das eher wie eine künstliche geometrische Figur wirkt. Das Runde – also dem Rad Nachempfundene – ist auch ein Symbol für Beweglichkeit, man denke nur an das Ballspiel. So ist das Rad auch ein tröstender und mahnender Hinweis auf notwendige Flexibilität, auf die es so oft im Leben ankommt und die im Gegensatz zur festgefahrenen Sturheit oder Verkrustung steht. Ein Stein macht äußerlich und innerlich unbeweglich. Ein Rad rollt nun einfach fast von selbst – auch von uns fort, wenn wir nicht achtgeben!

In der Alchimie ist dies bekannt. Das sogenannte Werk, um das es den Alchimisten im besonderen Maß geht, wird als circulare oder rota, eben als Rad bezeichnet. Da es sich in seiner Disziplin darum handelt, etwas umzuwandeln, zum Beispiel aus Blei Gold zu schaffen, steht das Rad (rota) auch für die Wandlung schlechthin, womit uns dieses Bild der Karte 10 etwas Erneuerndes verspricht.

Schließlich kennen wir noch das Himmelsrad. Die zwölf Speichen, die die Tierkreisabschnitte symbolisieren, verkünden uns die Rhythmen des Kosmos, die auch in jedem von uns leben.

<u>Allgemein</u>: das Auf und Ab; das stete Bemühen, die Anstrengung, die eigene Leistung, das Erkennen von Fortune, der Glücksmeisterung durch sich selbst.

<u>Liebe</u>: der Kampf und die Liebe; die Wandlung der Liebe.

<u>Beruf</u>: die Leistung, das Bemühen, der Auf- und Abstieg.

<u>Gesundheit</u>: die Krise, das Fieber, der Höhepunkt einer Krankheit, der Streß, die Ausweglosigkeit.

<u>Vermögen</u>: Verlust und Gewinn; das Wirtschaften an sich, vorsorgen; sparen und ausgeben.

<u>Freundschaften</u>: der Wechsel von und die Belastung durch Freundschaften, Kollegen und Bekannte.

<u>Gedanken</u>: gerädert sein, sich erschöpft fühlen; Bedürfnis nach Entspannung und Erholung.

<u>Gefahren</u>: das Überdrehtsein, die Überanstrengung; sich gegen eine Entwicklung stellen; sich nicht fügen und einfügen können.

<u>Entwicklungsstufe</u>: Wunsch und Chance, über sich hinauszuwachsen; Angst, zurückzufallen.

Karte 11: Die Kraft

Die Karte „Die Kraft" wird auch als „Die Lust" bezeichnet.
Sie bringt zum Ausdruck, daß wir uns nun auf der Höhe des Weges und unseres Lebens befinden. Die Entwicklungsstufe, die hier symbolisiert wird, ist die Mitte aller Stufen auf der Reise durch die Tarot-Welt. Sie entspricht der Hoch-Zeit, die als Leistungs-, aber auch als Gnadengeschenk anzusehen ist.
Das Weibliche regiert uns, und dies nicht nur im äußeren Sinn. Die Frau muß den Mann beherrschen, weil sie der Garant für das Weiterleben ist. Sicher finden wir in dieser Karte auch noch Bezüge zum Matriarchat, als die weiblichen Göttinnen die obersten Gottheiten darstellten, ehe sie im Patriarchat von Göttern abgelöst wurden. Das war ein großer Umbruch im Denken und Handeln der Menschheitsgeschichte! Mag diese Karte auch ein Erbe von damals widerspiegeln, es geht doch darum, daß weibliche Kraft das Leben bestimmen sollte, um männliche Energie in die richtigen Bahnen zu lenken.

Der Löwe wurde immer als Symbol reinster Sonnenkraft angesehen, der König der Wüste, also der König der Erdregionen, in denen die Sonne ihre sengende Kraft voll entfaltet. Der Löwe will gelenkt werden. In seiner Mähne sehen wir drei Männerköpfe: den des Jünglings, den des reifen und den des weisen Mannes – die Repräsentanten der drei Hauptalter des Mannes. Die Frau, die auf dem Löwen reitet und ihm die Mähne krault, fühlt sich sicher.

Der Löwe will besiegt und gezähmt werden. Das zeigt an, daß auch die potenzierteste Kraft eine Führung braucht. Die alten Mythen kannten diese Tatsache auch, da sich der wilde, kämpferische Mars nur einem Wesen kniend unterwarf: der Venus. Nichts anderes tut hier der Löwe. Kräfte können magische Gewalt ausüben, die also auf der Mitte des Weges dem Magier in uns zur Verfügung stehen.

Es ist die Karte Nummer 11. Die doppelte 1 spielt hier eine Rolle, die Zahl des Magiers findet sich gleich zweimal darin und das nicht durch Zufall. Die Quersumme der 11 ist die 2, was auf die Hohepriesterin hinweist. Sinnbildlich ist also der Magier jetzt soweit, sich den Gesetzen der Hohenpriesterin zu unterwerfen.

Setzen wir zu dieser Karte das Bild des Narren, dann werden wir allerdings sagen müssen, daß hier keine Spur mehr von ihm vorhanden ist. Er würde in diese Lebenssituation, zu dieser Entwicklungsstufe nicht mehr passen. Daher legen wir die Karte des Magiers daneben – und finden zweimal die 1 – Mann und Frau als Magier! Die Karte wäre etwas für Männer – zum Meditieren. So wurde oft zur Diskussion gestellt, ob sie nicht auch folgendes zeigt: Die männliche Kraft – durch den Löwen symbolisiert – hat auf der Höhe soviel Vitalität verloren, daß nun die Frau das Regiment übernimmt. In vielen Familien spielt sich dies wohl so ab. Aber der Tarot geht eben doch tiefer; dies sind zwar mögliche Gedanken, sie machen aber nicht das Wesentliche aus.

Wir haben 10 Bilder hinter uns – und nach diesem kommen noch einmal 10; in der Mitte steht die 11. Sie ist Ausgangspunkt für die folgenden 10 Karten. Im Grunde also die Karte Null der zweiten Hälfte. Außerdem bildet sie eine weitere Zäsur: Waren die ersten 10 Karten eher männlich ausgerichtet, sind die kommenden mehr weiblich orientiert. Das spielt jedoch nur vordergründig eine Rolle, denn im Weiblichen lebt das Mannhafte – im Mannhaften das Weibliche. Gleichwohl sind wir an einem Wendepunkt angelangt. Wäre die

Reise durch die Tarot-Welt äußerlich mit einem Marathonrennen vergleichbar, hätten wir die Wendemarke erreicht. Denn die Bilder der großen Arcana wurden einst wirklich als Bilderbuch betrachtet, in dem Lebenserfahrung, ja Weisheit verborgen war.

Das Tierische in uns hat nun als besiegt zu gelten. Jetzt erst ist die Wandlung des Kentauren zum Menschen vollendet. Wir begegnen hier der weiblichen Magierin. Beide, die Frau wie der Löwe, sind sich ihrer Kraft bewußt. Er wird nicht besiegt, er läßt mit sich spielen, ein Zeichen, daß er sich gemeinsam mit der Frau an eine Aufgabe heranwagt. Auch hier kommen wir wieder zum Bild des Narren, das wir eingangs bewußt in Frage gestellt hatten. Denn was der Hund für den Narren verkörpert, das ist der Löwe für die Frau.

Den Löwen hat man stets als Tier der Sonne und der Weisheit bezeichnet. Sonne ist Leben – daher wurde der Löwe auch als Sinnbild der Reinkarnation angesehen, also des ewigen Lebens. Der Glaube an das ewige Leben verleiht ungeheure Stärke. So ist der Löwe als Symbolbild in den antiken Stätten und Städten zu finden sowie in den Wappen unzähliger Herrscherhäuser. Er ist also in den uralten Menschheitsbildern auf der ganzen Welt weitaus mehr als nur der König der Tiere. Mit ihm kann es nur noch ein anderes Königstier aufnehmen: der König der Lüfte – der Adler.

Der Löwe gilt auch in den Träumen der Frau als starkes Sehnsuchtssymbol. Nicht ohne Grund gibt es – und mag dies auch nur als Äußerlichkeit scheinen – viele Dompteusen, die sich gerade der Löwendressur verschrieben haben. Es geht nicht darum, Stärke zu beweisen, indem man siegt oder besiegt, sondern indem man sich mit einer anderen Kraft verbündet.

Die Frau will nicht siegen, sie will mit dem Löwen eins sein. So denkt sie weiter und auch tiefer. Deutlich wird auch, daß sie sich nicht anstrengt, sondern sie lächelt, sie wird in jeder Beziehung unbeschadet aus der Begegnung mit dem König der Tiere hervorgehen.

Das Weibliche schafft einen Ausgleich.

Der männliche Pol, der aber auch in vielen Frauen stärker lebt, als es diesen manchmal lieb sein mag, strebt nach oben, will siegen, will allein zur Spitze. Herakles mußte den Nemeischen Löwen umbringen, ehe er sich mit dem Löwenfell schmücken und schützen konnte: Die Frau auf unserem Bild verbindet sich mit der Kraft des Leo, ohne diesen zu töten oder ihn an die Kette legen zu müssen.

<u>Allgemein</u>: die Kraft, die Stärke, das Hochgefühl.

<u>Liebe</u>: Selbstbewußtsein, Verbindung gleicher Kräfte, die Lust, die aus der natürlichen Stärke kommt.

<u>Beruf</u>: Erfolg, Sicherheit, Ausstrahlung.

<u>Gesundheit</u>: Hochgefühl, strotzende Kraft, Erholung nach Krankheiten und Operationen.

<u>Vermögen</u>: Sicherheit, gute Anlagen, sicheres Gespür.

<u>Freundschaften</u>: positive Auswirkungen, gutes Echo, Autorität von Freunden und Kollegen anerkannt.

<u>Gedanken</u>: voller Optimismus und Tatendrang, Abenteuerlust.

<u>Gefahren</u>: Übermut, Hochgefühl; Mangel an Feingefühl, Siegerlaunen; Gefahr, von der Höhe herabzufallen.

<u>Entwicklungsstufe</u>: auf der Höhe sein; die Hohe-Zeit (Hoch-Zeit).

| 12 | DER GEHÄNGTE | |

Karte 12: Der Gehängte

Diese Karte trägt auch den Namen „Der Gekreuzigte". Dabei ist diese Bezeichnung sicher am wenigsten richtig, denn die Figur, die wir sehen, hat sich einwandfrei freiwillig in diese auf den ersten Blick fatale Lage gebracht. Das eine Bein ist angewinkelt, so daß ein Dreieck entsteht – und wir wissen, daß jedes Dreieck eine im schöpferischen Sinn positiv strebende Bedeutung in sich trägt.

Die Flöte sagt aus: „Ich pfeife auf die Welt, ich spiele mir mein Lied." Aber wichtig ist allein die Tatsache, daß sich hier jemand auf den Kopf gestellt hat! Wir wissen aus der Medizin, daß der Kopfstand höchst gesundheitsfördernd sein kann, denn nun fließt mehr Blut (auch neues, wie der Volksmund meint!) in den Kopf, das Gehirn wird wieder belebt. Ferner symbolisiert diese Position die Tatsache, daß es hin und wieder gut ist, alles einmal auf den Kopf zu stellen. Der Mann gewinnt dadurch einen neuen Blickwinkel! Er sieht die Welt mit anderen Augen, er versteht nun vielleicht die Meinung

anderer Menschen besser. Er nähert sich auch wieder der Realität, der Erde, da er dem Mutterstoff, der Materie, mit dem Kopf näherkommt! Allen Himmelsstürmern täte ein solcher Ausgleich hin und wieder sehr gut.

Die Hände spielen auf der Flöte. So kann der Mann nichts halten, sein Geld fällt aus den Taschen. Das aber macht ihm offenbar nichts aus, er sucht mit dem Kopf die Verbindung mit der Erde, was ihm Erleuchtung zu bringen scheint. Sein Gesicht ist entspannt, Schmerzen empfindet er nicht. Man kann annehmen, daß sich der Mann wieder belebt, indem er etwas tut, was unüblich ist.

Auf dieser Karte ließe sich der Narr am deutlichsten erkennen. So könnten wir ihn uns vorstellen! Aber er ist es nicht, es ist der Magier, der den Mut hat, sich einer solchen Narretei hinzugeben, denn ab jetzt wird die Welt mit anderen, wir können auch sagen: mit „entpersönlichteren" Augen gesehen. Dieser Mensch kommt zu sich, er richtet seinen Kopf nicht mehr nur himmelwärts, sondern bewußt zur Erde – und dies mit allen Konsequenzen. Er hängt am Baum des Lebens, denn es müssen Bäume sein, wenn man sich freiwillig in eine solche Lage bringt.

Unsere männliche Gestalt will wieder belebt werden. Dazu bedarf es neuer Eindrücke, neuer Standpunkte. Und um sie geht es auf dieser Entwicklungsstufe in erster Linie.

Sie ist außerdem eine Erprobung, ob ich überhaupt noch fähig bin, mich umzustellen, ob meine seelische und körperliche Verkrustung das erlaubt, ob ich also im Grunde noch flexibel und jung geblieben bin! Ob ich den Mut habe, etwas Neues anzufangen, auch wenn die ganze Welt meint: Der hat sich ja nun durch seine neuen Aufgaben in eine vertrackte Lage gebracht! Hier ist nur scheinbar etwas verrückt. Die folgende Karte wird jedoch zeigen, wie wichtig diese innere Neueinstellung, die eine vollkommene Umstellung bedeutet, für die allgemeine Entwicklung ist.

Der Gehängte ist die Karte 12, der Anfang der zweiten 10 Karten. Wie schon erwähnt steht nun der Magier an erster Stelle. Deshalb sollten wir nun statt der Karte des Narren seine hinzudenken.

Die zweite Zahl ist die 2, die Karte der Hohenpriesterin. Diese verkörpert das Unbewußte. Der Magier also, der im vollen Glanz mit allen Möglichkeiten steht, hat sich dieser entledigt, um echten und tiefen Kontakt mit dem Unbewußten aufzunehmen. Wie kann das

deutlicher gezeigt werden als durch die Lage, in die sich unser Gehängter freiwillig gebracht hat! Die Zahl 12 symbolisiert unsere Monate, aber in erster Linie die *zwölf* Tierkreisabschnitte. Der letzte Abschnitt (die Fische) steht für die Hingabe an einen höheren Anspruch, aber auch für die Selbstaufgabe. Das klingt hier an.

Wir kennen die 12 Stämme Israels, die 12 Jünger Christi. Jeder von uns weiß, daß nachts um 12 Uhr, um Mitternacht, die Geisterstunde anbricht, daß eine gerade noch rechtzeitige Handlung mit dem Ausdruck charakterisiert wird: „Es war fünf vor *zwölf*", daß ein zu spätes Reagieren aber mit den Worten begleitet wird: „Es war halt schon fünf nach *zwölf*."

Dies alles unterstreicht die *Zwölfer*-Einteilung in unserem Leben, die in erster Linie durch den Ablauf des Sonnenjahres bedingt ist. Sie ist die Zahl der Wende. Viele, die diese Karte zum erstenmal sehen, drehen sie fast automatisch, denn sie meinen, sie läge verkehrt.

Dies beweist, wie eingeschränkt wir im Grunde denken. Der Kopf hat oben zu sein oder in die Richtung zu weisen, die wir für das Oben halten. Wir sind alle in ein bestimmtes Denkschema eingebunden. Alle diese Normen, die uns umgeben, versucht der Mensch auf dieser Stufe zu durchbrechen, um eben die Welt auch aus anderen Augen betrachten zu können. Dies ist sehr wichtig, denn die nächste Entwicklungsstufe zeigt uns die Auseinandersetzung mit dem Tod an, den wir aber nicht mit dem Ende gleichsetzen sollten. Darum geht es auf der Entwicklungsstufe des Gehängten: die eigene Meinung, den eigenen Standpunkt, die eigene Ansicht! Dabei wendet sich der Gehängte wieder dem Ausgangspunkt zu, von dem er kam: der Erde.

Sicher darf all dies nicht dazu führen, daß nun alles und jedes auf den Kopf gestellt wird. Tun wir das mit der Zahl 12, dann erhielten wir die 21, und wir wären schon am Ziel unserer Tarot-Reise angelangt, der Weg wäre zu Ende. Zu diesem Standpunkt neigen jedoch viele, die meinen, mit dem Auf-den-Kopf-Stellen sei schon alles oder zumindest das Wesentliche getan. Zu einem derartigen Kopfstand bedarf es eines Trainings, ist eine innere Disziplin erforderlich. Insofern ist der Ausdruck „Prüfung" für diese Lebensphase richtig gewählt.

Sicher hat es seine Bedeutung, daß diese Karte zwischen dem Hochgefühl der Kraft und Stärke und dem Tod steht, der als Nummer 13

folgt. Das ist nun wirklich ein Salto mortale, mit dem sich aber jeder auseinandersetzen muß. Man empfindet es ja stets als besonders tragisch, wenn junge Menschen auf der Höhe ihres Lebensgefühls und ihrer Kraft in einem Krieg ihr Leben lassen müssen. Dies gilt genauso für Sportler, denken wir nur an die Rennfahrer, bei denen Triumph und Tod so nahe beieinander liegen können. Betrachtet man die Karte „Der Gehängte" nur flüchtig, stößt sie häufig auf Ablehnung. Dabei ist der Gehängte auch das Symbol für unsere Intuition, unsere Einfallskraft, durch die wir nur dann Erfolge erzielen können, wenn sie ausgefahrene Gleise verläßt. Alte Wege sind zwar sicher und erprobt – aber auf ihnen erreicht jeder ohne eigenes Zutun das Ziel.

Allgemein: die neue Lage, der neue Blickpunkt, das freiwillige Training, der Kopfstand, die scheinbare Unlogik in der Grundeinstellung.

Liebe: die verrückte Begegnung, neue Sicht einer alten Bindung, Unbegreifliches.

Beruf: Berufswechsel, Sehnsucht nach beruflicher Abwechslung.

Gesundheit: neue Heilmethoden, Ablehnung routinemäßiger Behandlungen, die neue Lebenslage nach einer Erkrankung.

Vermögen: der Umsturz, Umdisponierung von heute auf morgen.

Freundschaften: der Einbruch, das Erkennen neuer Freunde, neuer Welten und Ansichten durch neue Begegnungen.

Gedanken: der Umsturz, das Revolutionäre, das Ausbrechenwollen, Sehnsucht nach neuen Aspekten.

Gefahren: Zerreißen oder Zerschneiden von Bindungen, Ablehnung von Erfahrungen, Vernichtung bestehender Ordnung.

Entwicklungsstufe: der Umbruch für die zweite Lebenshälfte.

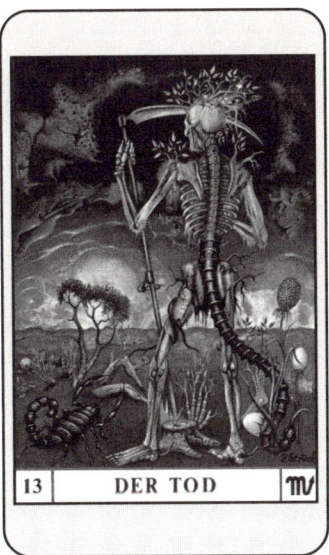

Karte 13: Der Tod

Der Name dieser Karte „Der Tod" ist eindeutig. Hier haben wir es mit einem Bild zu tun, das meist mit Entsetzen betrachtet wird, wenn es in einem Spiel fällt. Aber es bedeutet nie den Tod des Kartenbetrachters oder den eines seiner Angehörigen.

Der Tod, der hier gemeint ist, bezieht sich immer auf den Abschluß einer Sache, nicht eines Lebens! Alles, was wir tun, kommt einmal zu einem Ende. Die Schulzeit geht zu Ende, die Lehrzeit, auch eine Liebe kann sterben, die Arbeit wird gekündigt, hört auf oder der Urlaub ist vorbei. All dies ist hier gemeint. Es muß ja etwas absterben, damit Neues Platz hat! Wenn es etwa in der Natur keinen Tod gäbe, wenn es nicht Herbst würde, könnte nie der Frühling oder Sommer wiederkommen. Wenn es keine Nacht gäbe, würde der stete Tag alles verbrennen und versengen. Gäbe es keinen Tag, wäre kein Leben möglich, also muß die Nacht sich verabschieden, sterben, damit der Tag geboren werden kann. Jede Arbeit sollte zu

einem Abschluß gebracht werden, ehe eine neue in Angriff genommen wird. Das ist hier in erster Linie mit dem Begriff „Tod" gemeint. Wir sollen uns indessen mit Fragen des Todes und des Lebens auseinandersetzen! Leben ist nicht als selbstverständlich hinzunehmen! Nur schließt der Tod, das Absterben, nie etwas völlig ab. Das lehrt jede Religion dieser Welt.

Auch Älterwerden bedingt ein Absterben. Sicher verlassen uns jugendliche Kräfte, aber andere wachsen uns dadurch zu. Ungeduld stirbt ab (nicht bei jedem), Geduld stellt sich ein. Es gibt überall ein „Stirb und Werde", von dem Goethe schrieb: „Und solang du das nicht hast, – dieses Stirb und Werde! Bist du nur ein trüber Gast auf der dunklen Erde." Der Tod ist also nicht unser Feind, eher unser Gevatter, unser Verwandter, manchmal unser Freund. Und auch eine Heilung wird nur durch das Abflauen, das Absterben der Krankheit ermöglicht – was man oft verkennt.

Sehr symbolträchtig ist dabei die Zahl 13. Ihre Quersumme ergibt die 4, die Zahl der Materie. Materie kann sterben, das Geistige nie. Doch an einem Freitag dem 13. verhalten sich immer noch viele Menschen unbewußt oder bewußt sehr vorsichtig. Die 13 kommt nach der 12, und wie heilig diese Zahl seit jeher den Menschen ist, haben wir ja bei Beschreibung der vorhergehenden Karte festgehalten.

Wenn wir den Magier daneben legen, erkennen wir sofort den gravierenden Unterschied zwischen den Karten. Hier nutzt nun kein strahlender Magierstab mehr, keine Verzauberung und keine Zauberei, hier geht es nur um den Kern, der übrigbleibt.

Auf der Karte finden wir aufgebrochene Eierschalen. Das Ei war stets das Symbol der Geburt, weil der Mensch miterleben und sehen konnte, wie aus ihm neues Leben kam. Das führte dazu, daß man die Urnen, in denen die Asche Verstorbener aufbewahrt wurde, in Eiform gestaltete: ein Symbol der Wiedergeburt.

Ein weiterer uralter Brauch ist das Schenken und Verschenken von Eiern zum Osterfest, weil mit diesem Frühlingsfest die Auferstehung und das neue Jahr in der Natur gefeiert werden sollten. Die alten Bräuche spielen also eine bedeutende Rolle; wir sollten uns beim Betrachten dieser Karte daran erinnern, und diese Erinnerung als Erfahrungskapital behalten.

Auch das Symbol der Sense ist nicht unwichtig, denn mit ihr wurde geerntet. Es stirbt also nur dann etwas, wenn es dazu reif ist, wenn es

nicht weiter reifen kann, sondern in Gefahr gerät, zu verfallen oder zu verfaulen. Man denke nur an nichtgepflücktes Obst an unseren Bäumen. Werden die Früchte nicht entfernt, können sie mit ihrer Fäulnis kommende Ernten in Frage stellen.

Die tiefere Auseinandersetzung mit dem Tod geht jedoch noch in eine völlig andere Richtung. Bei dem Gedanken an ein Ende wird uns klar, daß danach alle gleich sind. Der Tod klopft an jede Tür, sei es die einer Hütte oder die eines Palastes. Gegen das Ende an sich kann sich keiner wappnen. Viele Leute verfallen in eine Art Trägheit, wenn sie an das Ende einer Entwicklung denken, sie meinen, es habe alles doch keinen Sinn mehr. Viele fühlen sich für Taten zu alt, ohne zu merken, daß sie damit das Ende, ja sogar den frühen Tod herbeiwinken.

Eine alte Weisheit sagt: „Wer mit der Zeit geht, besiegt die Zeit." Wie viele aber versäumen sie, weil sie nur auf die Zukunft hoffen! Sehnen sich nicht viele den Tod herbei, obwohl sie dies heftigst ableugnen würden, wenn man es ihnen auf den Kopf zusagte?

„Ach, wenn doch nur erst Freitagnachmittag wäre! Wenn doch endlich die Ferien begännen! Wenn ich bloß schon in Pension gehen könnte! Wenn nur erst diese Unterrichtsstunde vorbei wäre! Wenn endlich meine jetzige Arbeit geschafft wäre!" – Man könnte diese Beispiele seitenlang fortsetzen. Im Grunde beweisen sie etwas Erschreckendes, daß nämlich die Gegenwart kaum genossen wird, das alle Sinne und Gedanken darauf ausgerichtet sind, daß nur erst alles vorbei ist. Damit ist natürlich stets Schwieriges gemeint, aber das ändert nichts an der Tatsache, daß man sich schnellstens ins Grab wünscht.

Dies soll uns hier klar werden! Deswegen liegt die Karte des Todes nicht am Ende des Spieles, wo wir sie doch vermuten könnten, sondern knapp nach der Mitte, um uns zu mahnen: Alles geht zu Ende, sehne dich nicht danach!

„Wer ans Ende denkt, ist am Ende", sagt eine alte Volksweisheit. Das heißt aber nicht, dem Danach keine Gedanken zuzuwenden. Denn wer ans Danach denkt, denkt ja letztlich über das mögliche Ende bereits hinaus. So vermag gerade diese Karte Kraft zu geben, wenn man die erste Furcht bei ihrem Anblick überwindet.

Die Frage ist, warum der Tod so oft als Gerippe gezeichnet wird. Das Symbol des Sterbens können wir am Himmel verfolgen, wenn der

Mond abnimmt und zuletzt nur eine schmale Rippe von ihm übrigbleibt, ehe er völlig verschwindet. Er ersteht am dritten Tag – nur in
anderer Richtung – als schmale Rippe wieder auf (Adams Rippe!).
Damit zeigt er uns, daß es keinen Tod gibt, daß das Leben – in welcher Form auch immer – weitergeht. So ist das Geripe des Sensen-
manns ein vom Himmel übertragenes Symbol, das uns nicht nur
Schrecken, sondern auch Hoffnung und Zuversicht einflößen kann.

Allgemein: das Absterben, der Abschluß einer Angelegenheit, die Auseinandersetzung mit dem Werden und Vergehen.

Liebe: eine Liebe, die zu Ende geht; eine Bindung verlangt neue Impulse.

Beruf: das Ende einer Aufgabe, Abschluß, Pension, Versagen.

Gesundheit: Ende einer Krise; Entscheidung für eine Operation; Mut zu
einem neuen Weg.

Vermögen: Vorsicht! Nicht aus Gewohnheit in der Art wie bisher mit Erspar-
tem umgehen, möglicherweise Verluste.

Freundschaften: werden nach Krisen auf den Bestand geprüft.

Gedanken: Erinnerungen; Hängen an alten Vorstellungen; Gefahr des Sich-
im-Kreise-Drehens; Trott der Gewohnheiten; was war – bleibt gut.

Gefahren: Angst, Panik, Hoffnungslosigkeit, Selbstaufgabe.

Entwicklungsstufe: Das Ende in sein Leben bewußt einbinden; Verlust von
Menschen ertragen lernen.

Karte 14: Das Maß

Die Karte trägt den Namen „Das Maß". Sie ist die letzte des zweiten Weges, auf ihr erscheint ein Engel, der eine Flüssigkeit von einem Gefäß in ein anderes gießt. Mehr oder weniger trägt der Engel menschlich-weibliche Gesichtszüge, weist aber zwei Köpfe auf, die sich auf je ein Gefäß beziehen.

Wir haben es hier mit einer meist umstrittenen Karte zu tun, die viele Assoziationen erlaubt, ja herausfordert.

Anscheinend sollen zwei Gegensätze miteinander verbunden werden. Aber wir können noch weiter gehen: der Strahl, der vom oberen Gefäß in das untere fließt, um dieses zu füllen, wird dann wieder zurückfließen. Das untere Gefäß wird später das obere sein. Es ist also ein ewiger Kreislauf, dem wir im Leben begegnen und der nicht durch ein Übermaß, durch einen Temperamentsausbruch, durch eine hektische Handlung gestört werden darf. Dazu braucht es einen Schutzengel, den der Himmel denen zur Verfügung stellt, die

sich noch nicht oder nicht mehr zu helfen wissen. Dieser Schutzengel, dem Kinder und Gebrechliche so gern vertrauen, begleitet uns durch die Geschichte der Mythen und der Legenden als Beschützer des edlen Helden, der nicht für sich, sondern für eine gute Sache kämpft.

Der Engel war immer zweigeschlechtlich; auf der Karte wird das dadurch deutlich, daß der schwarze Kopf durchaus der eines Jünglings sein kann, wie auch die langen Hosen die männliche Hälfte ausweisen.

Diese Karte trägt stark alchimistische Züge, sie entspricht dem Wunsch, alles auf Erden in Gold zu verwandeln. Ebenso stellt der Androgyn ein alchimistisches Symbol dar – ein Wesen, das die höheren geistigen und seelischen Fähigkeiten beider Geschlechter in seiner Natur vereint. Als anderes Sinnbild kann man hier das Kind von Aphrodite und Hermes nennen, der Herm-Aphrodit – ebenfalls ein männlich-weiblicher Zwitter.

Die Zahl der Karte ist die 14. Als Quersumme ergibt sich die 5, die Zahl unserer Sinne. Eine Zahl, die auch zur Mäßigkeit aufruft, die sich automatisch einstellt, wenn wir unsere fünf Sinne gleichermaßen und gleichzeitig gebrauchen.

Die Zeit läuft im unerschütterlichen Gleichmaß ab; sich dagegen zu stemmen, sich dem entziehen zu wollen, ist vergebens. Setzen wir den Magier neben diese Karte, dann kann man sich gut vorstellen, welche Erfahrungen ein Mensch in sich machen muß: Nach der inneren Begegnung mit dem Gehängten und dem Tod geht es jetzt um die Ausgewogenheit, die nach den vorherigen Gegensätzen gefunden werden muß.

Der Alchimist (wie diese Karte auch genannt wurde) ist stets auf der Suche nach diesem Maß gewesen, wenn er es auch bis heute wohl kaum im materiellen Sinn gefunden hat, aber darauf kommt es nicht an. Die Alchimisten wollten in erster Linie das Niedrige und Vergängliche herausdestillieren, damit das Wahre und Reine übrigbleibt. Jeder von uns sollte daher irgendwo ein Alchimist sein, das heißt, sich an das kaum Mögliche heranwagen, vor allem nie Dinge, die ihm unlogisch erscheinen, ablehnen.

Der Engel – der Alchimist – ist hier das Vorbild, dem wir nachstreben sollen. Auf dieser Entwicklungsstufe begegnen wir also vielem mehr als nur der Mahnung, maßzuhalten, weil das wahre Maß auch etwas

mit dem Weltengleichgewicht zu tun hat. Wie sehr dieses vom Menschen abhängt, ist gerade im 20. Jahrhundert deutlich geworden. Das Wasser galt von alters her als psychologisches Symbol der Seele, was besonders für die Traumdeutung entscheidend ist. Auf dieses Bild übertragen heißt dies aber, daß jedes Gefäß, auch das des Menschen, mit Seele zu erfüllen ist. Seelenloses Handeln, wer weiß das nicht, ist wie kaltes oder herzloses Handeln. Auch diese Urerfahrung sollen wir begreifen. Das ist die Aufforderung, die Mahnung am Ende des zweiten Weges.

Außerdem gilt der Engel sowohl als Anima-Symbol für den Mann, als auch als Animus-Symbol für die Frau. Für den Mann ist dies der weibliche, für die Frau der männliche Engel. Es ist interessant, daß in den Kunstwerken oder Legenden und Märchen die weiblichen Engel überwiegen, vielleicht weil sie vorwiegend von Männern gemalt und erdacht wurden. Bei diesen Engelsgestalten haben wir es also wieder mit Archetypen zu tun, die in uns leben – ob wir sie nun wahrnehmen oder nicht.

Der Engel, der uns das Maß bringt, will uns also in eine reiche Natur führen! Erfüllen wir das seelische Gleichgewicht, werden wir von der Natur in und um uns belohnt, dann grünt und blüht es, wir können aus dem Vollen schöpfen. Doch die Gefahr, die auch darin liegen kann, wird uns mit der nächsten Karte deutlich vor Augen geführt. Die Tragik mancher Erfahrungen ist ja, daß wir unter Umständen von einem Extrem ins andere fallen. Der Tarot weiß darum, deshalb offenbart uns die folgende Karte meist klar den Gegensatz zur vorhergehenden.

Insgesamt handelt es sich hier sicher um eine nicht so leicht zu fassende Entwicklungsstufe, und es ist oft ganz typisch, wie Kartenbetrachter diese Karte am liebsten aussparen wollen. Sie wird oft als letzte Karte gewählt oder gar nicht beachtet. Besonders sehr konservative oder in traditioneller Umgebung erzogene und aufgewachsene Menschen finden meist schwerer den Zugang zu der Symbolik dieses Bildes.

Die Karte kommt nach der des Todes. Ein Grund vielleicht, daß die Ägypter sie einst „Wiederverkörperung" nannten. Liegt auch unsere Asche in den Urnen, ist sie als Lebenselexier nicht verschwunden und kann – allerdings nur von einem Engel – in ein neues Gefäß gegossen werden.

<u>Allgemein:</u> die Vereinigung der Gegensätze, das Entweder-Oder; das Erkennen himmlischer Gesetze.

<u>Liebe:</u> Liebe auf neuen Wegen; auch die „andere" Liebe, äußere Gegensätze vermischen sich.

<u>Beruf:</u> der völlig andere Weg, die Reform, Verbesserungsvorschläge, unerkannte Möglichkeiten.

<u>Gesundheit:</u> Krankheit als Weg zur Erkenntnis; Reformvorsätze, die zur Heilung führen; ungewöhnliche Heilmethoden (evtl. Geistheilung).

<u>Vermögen:</u> die Unwichtigkeit der materiellen Werte erkennen, die Opferung, die Spende.

<u>Freundschaften:</u> tiefe Verbindungen gleichgeschlechtlicher Art.

<u>Gedanken:</u> das Unterste zuoberst kehren, daraus dann eine neue Synthese finden; Analysen auf den Kopf stellen.

<u>Gefahren:</u> sich über alles hinwegsetzen; reale Gefahren leugnen.

<u>Entwicklungsstufe:</u> der große Erkenntnissprung zum neuen Denken.

| 15 | DER TEUFEL | ♂ |

Karte 15: Der Teufel

Die zerstörende Gottheit tritt hier auf, um uns gleich zu Beginn des dritten und entscheidenden Weges auf die Probe zu stellen, wie es nun einmal die Aufgabe des Satans oder des Teufels ist, die Menschen in Versuchung zu führen.

Wir dürfen nicht vergessen, daß der Teufel ja ein gefallener Erzengel ist. Hinter ihm verbirgt sich Luzifer, der Lichtbringer. Der Teufel oder der Satan stellt den Gegenspieler Gottes dar, den sich dieser selbst geschaffen hat, wohl wissend, daß es ohne einen Gegenpol, ohne ein Kontra keine Entwicklung geben kann. Auf der Karte wird deutlich, daß der Teufel wirklich der Lichtbringer ist, denn sein Fackellicht bekommt er direkt von der Sonne.

Teufel tragen eine Maske, oder sie verzerren ihre Miene zu einer Fratze, was ja auch wie eine Maske wirkt, um ihre wahren Absichten nicht gleich zu erkennen zu geben. Wenn man dem Teufel aber in die Augen schaut, läßt seine Macht nach.

Der Satan ist bewaffnet, dazu gehören auch Ketten und Fesseln. Diese Ketten aber sind Werkzeuge des Teufels, die der Mensch in sich selbst trägt. Es sind nämlich die Begierden und die Lüste, durch die sich Frauen und Männer selbst in Ketten legen.

Gerade deshalb fühlen sich die Menschen ihm so oft unterlegen. Denn er knebelt sie mit den irdischen Lastern, wenn er ihnen dafür auch himmlische Freuden verspricht.

Wenn wir hier einmal die Karte des Magiers daneben legen, dann werden wir leicht feststellen, daß sich keiner von beiden im anderen erkennen könnte, und doch ist gerade dies wie ein Blick in den inneren Spiegel. Der Teufel war ja stets auf die Menschen eifersüchtig, er beneidete Adam in seinem Paradiesgarten. Die Folgen kennen wir. Er wollte, daß die Menschen zu ihm aufblickten, statt zu Gott. So versuchte er sie mit einer List zu bestechen. Er schenkte nämlich vorher, gab Vorschuß auf viele Freuden des Lebens und holte sich (oder holt sich) erst später die Zeche dafür. Gott ging immer den umgekehrten Weg. Er verlangte erst Mühe, ehe er Dank spendete. Auch dies begegnet uns alltäglich im Leben. Alle, die uns ködern wollen, versprechen das Beste, ohne die Rechnung dafür auch nur zu erwähnen. Dem müssen wir zu widerstehen wagen.

Die Darstellungen dieser Karte zeigen den Teufel als übermächtig, indem er groß, die Menschen dagegen sehr klein gezeichnet sind. Doch handelt es sich um Menschen, die sich bereits dem Satan ausgeliefert haben, also für ihn keine ernsthaften Gegenspieler sind.

Die Karte 15 hat die Quersumme 6. Die sechste Karte ist die der Entscheidung, da wir uns nun vom „Nur"-Antrieb lösen müssen. Auch zeigt diese Zahl den Magier (1) neben dem Hohenpriester (5), folglich das Magische in uns auf dem Prüfstand, was uns ja über das Teuflische hinausführen soll.

Auch der Teufel ist eine archetypische Figur, die in uns lebt, denn die Menschen projizierten ihre eigenen negativen Seiten und Veranlagungen auf eine Figur, die sie den Bösen, den Satan, den Teufel nannten. Und dieses Sichreinwaschen, dieses Projizieren der eigenen Fehler auf eine Symbolgestalt, das gelingt nur im Bewußtsein, das kann nur der Kopf leisten, womit auch er sich in den Dienst des Teufels stellt. In unserem Unbewußten lebt das Böse. Fast alle Menschen haben Angst vor dem Teufel, ob sie es nun zugeben oder nicht. Das wird uns am Anfang des dritten Weges durch diese Bild-

anordnung klargemacht, und wir stehen nun vor der größten Hürde, der wir bis jetzt begegneten. Auch sie muß überwunden werden, denn das Ende des Weges ist ja noch längst nicht erreicht, wenn auch am Ende des Tunnels vielleicht schon Licht zu sehen ist. Ist es ein Irrlicht? Ein Licht des Teufels? Denn dessen List besteht auch darin, den schweren Weg abzukürzen. Der Teufel kann uns Abkürzungen zur Freude zeigen.

Der Teufel und seine Darstellung stößt die meisten Menschen im ersten Moment ab. Trotzdem (oder gerade deshalb?) hat er soviel Anziehendes an sich, denn er verkörpert ja auch unseren Antrieb, unseren Trieb und die zu weckende Energie in uns.

Allgemein: die Versuchung, der Trieb, die Lust, die geheimen Wünsche und Begierden.

Liebe: die Begehrlichkeit, das Alles-haben-Wollen, die sexuelle Hingabe und Erotik ohne Liebe.

Beruf: Betrug, über Leichen gehen, die Aufsässigkeit.

Gesundheit: Vertrauen auf Quacksalberei, Tabletten- und Drogenmißbrauch, die Manie, die Sucht.

Vermögen: die Verführung zur Spekulation; das falsche Vertrauen; auf falsche Berater hören.

Freundschaften: die falschen Freunde, Verführer.

Gedanken: was ist mir entgangen, was habe ich versäumt?

Gefahren: in Übermut und Übermaß handeln, Selbstüberschätzung, Durchdrehen; Ausschweifung.

Entwicklungsstufe: Standhaftigkeit gegen Versuchungen, die von außen und aus dem eigenen Innern kommen.

Karte 16: Der Turm

Türme galten immer als etwas Besonderes. Die ersten derartigen Bauwerke (wie etwa in Babylon) errichtete man, um dem Himmel nahe zu sein und den Göttern die Ehre zu erweisen, denn man erwartete, daß sie nachts auf die oberste Plattform zu Besuch kommen würden, um den Glauben der Menschen zu prüfen.

In die Türme schlägt ein Blitz ein, der sie zerstört und Menschen hinauswirft. Der Blitz kommt vom Himmel und wurde von den Menschen immer als Strafe, oft aber auch als Befreiung empfunden. Zeus strafte mit Blitz und Donner, womit er aber auch viele Göttersöhne aufrüttelte. Auch die Menschen auf unseren Kartenbildern werden befreit, denn keiner erleidet schweren Schaden, manchem wird nur durch den Sturz aus dem Turm eine Maske vom Gesicht gerissen. Alle kommen heil unten an, wenn sie auch mit dem Kopf voran hinunterstürzen. Sie blicken alle entsetzt und erschreckt, aber sie überleben den Absturz, das ist das Wesentliche.

Die vorherige Karte zeigte uns den Teufel. Reagieren nicht Menschen manchmal so, daß sie sich vor diesem Unhold bewahren wollen, indem sie sich einmauern? Nichts sehen wollen ist eine in der Welt gern angewandte Methode, um sich vermeintlich zu schützen! Dagegen sendet nun die oberste Gottheit, der Gegenspieler des Satans, den unheilbringenden donnernden Blitzschlag, der ja direkt aus dem Udjatauge, also aus dem Auge der schöpferischen Gotteskraft oder aus der Sonne zu kommen scheint.

Aber noch eine andere Überlegung schließt sich an. Nachdem ich die Prüfung der Versuchung durch den Teufel bestanden habe, baue ich mir meine Burg, meine, nun habe ich es geschafft. Ich errichte mir ohne jeden Bezug nach außen meine Welt, in der ich allein herrsche. Auch dagegen wendet sich der himmlische Blitzstrahl. Jeder – und das ist individuell zu sehen – zu hoch gebaute Turm stellt eine Herausforderung dar, die innerhalb der gesamten kosmischen Ordnung nicht geduldet wird! Und es gibt viele Türme! Etwa wenn sich jemand persönlich Vorräte en masse anlegt, obwohl seine Umgebung Hunger leidet.

Dies alles wird deutlich unterstrichen, wenn wir uns den Magier hierherdenken. Er (und seine weibliche Polarität) fällt hier heraus, das besagt auch die Zahl 16. Sie besteht aus der Zahl 1, der des Magiers, und der Zahl 6, die ja zur Karte der Entscheidung gehört. Die Entscheidungssituationen sind also noch nicht zu Ende! Der Magier hätte sich zu früh in sein eigenes (Turm-)Ego eingeschlossen! Dabei ist die Quersumme der 16 die 7, die heilige Zahl. Aber auch auf der Stufe der Karte 7, dem Siegeswagen, war ja der Sieg noch verbunden mit der Suche nach der Mitte. Im Eingeschlossensein finden wir aber diese Mitte mit Sicherheit nicht, das muß jedem klar sein. Die 16 ist auch die Potenzzahl der 4, die letzte Quadratzahl in der Tarotzählung. Das bedeutet, daß die 4 (Entfaltung in der Materie) mit sich selbst multipliziert zum Turm des Eigennutzes führt.

Die vorliegende Karte wurde auch „Der Ruin" betitelt. Aber die Devise „Neues Leben wächst aus den Ruinen" ist älteste Menschheitserfahrung. „Niemand" – so ein griechischer Weiser – „der von einem Blitz erschlagen wird, bleibt ohne Ruhm." Wer schwere Schicksalsschläge empfängt, der sollte darüber nicht klagen, so heißt es weiter, weil er nur dadurch die Möglichkeit bekommt, über

sich hinauszuwachsen. Heutzutage klingt dies wie ein banaler Trost, aber ein Körnchen Wahrheit mag darin enthalten sein.

Blitze sind himmlische Energieballungen, die sich entladen müssen. Türme wurden als Schutz gebaut, auch als Schutz vor den Unbilden des Klimas. Aber sie waren auch stets ein Gewahrsam. Wenn man jemanden strafen oder gefangenhalten wollte, dann warf man ihn in den Turm. Das Symbol des Turmes ist also doppeldeutig. Insofern muß ein Blitzschlag wirklich als Befreiung angesehen werden. „Es hat bei mir plötzlich wie ein Blitz eingeschlagen" – mit diesen Worten schildern Betroffene entweder niedergeschlagen oder freudig eine Situation. Doch immer brachte dieser Blitzeinschlag eine Veränderung, die eine Neueinstellung verlangte. Ein Blitz ist darüber hinaus meist erhellend, er bringt Licht in das Dunkel.

Gegen Ende seines Lebens wird fast jeder mit einem Turm konfrontiert. Entweder gehen die Kinder aus dem Haus, man bleibt in seinem Turm allein zurück, während andere wiederum in einen Turm eingewiesen werden, den man Senioren- oder Altersheim nennt. Da heißt es dann oft: „Nun ja, mein Leben verlief eigentlich sehr gut", was so klingt, als wäre es bereits abgeschlossen, als könnte man mit dem jetzigen Daseinsabschnitt nichts mehr anfangen. Das ist auch sicherlich so, wenn man sich nicht nur äußerlich, sondern auch innerlich in einen Turm einschließen läßt.

Viele Jugendliche erwarten vom Leben nichts. Keine Siege, keine Niederlagen, keine Aufregungen, keine Überraschungen, keine Abenteuer. Sie wählen sich eine Tätigkeit (von Beruf kann man da kaum sprechen, denn dieses Wort hängt mit dem Begriff „Berufung" zusammen), von der sie sich ausgerechnet haben, mit wieviel Geld sie in Rente gehen können. Diese Einstellung greift immer mehr um sich, so daß man förmlich Blitze herbeiwünschen möchte. Auch der Begriff „Elfenbeinturm" ist bekannt, der immer dann gebraucht wird, wenn Menschen lebensfern wirken, wenn sie nichts von dem wissen, was abläuft.

Diese Karte sollte eine Karte der Jugend sein, denn der Blitz, der hier einschlägt, trifft in ein altes Gemäuer. Dies ist auch in dem Sinn zu werten, daß der Blitz des Schöpfers das Alte auf seinen Wert hin überprüft. Nichts ist gut, nur weil es alt ist! Tradition ist zu schätzen, aber sie kehrt sich ins Gegenteil um, wenn sie ihrer selbst wegen hochgehalten wird, so daß kein Fortschritt möglich ist.

Der Blitz lehrt uns also : ja keinen Stillstand, weil das Leben auch nie stillsteht! So ist dieses Blatt sehr ermutigend in seiner Aussage und alles anderes als deprimierend. In dieser Lebensphase werden wir also noch einmal aufgerüttelt.

<u>Allgemein</u>: die Aufrüttelung, der Schicksalsschlag, die Befreiung von der Eigenfesselung.

<u>Liebe</u>: Aufbruch der Liebe, Erkennen neuer Dimensionen, Auflehnung gegen eine Routinebindung.

<u>Beruf</u>: das Aussteigen, der Neuanfang; der Wechsel; plötzliche Abenteuerlust im Beruf.

<u>Gesundheit</u>: die Krankheit, die schockt; neue Impulse gegen das Altern finden (nicht gegen das Altwerden).

<u>Vermögen</u>: der Einbruch, der Verlust.

<u>Freundschaften</u>: Ende alter, Beginn neuer Begegnungen.

<u>Gedanken</u>: „Man müßte noch mal 20 sein", noch nicht out sein.

<u>Gefahren</u>: alles umstürzen wollen, ausbrechen, allem ein Ende setzen, Radikalität.

<u>Entwicklungsstufe</u>: Erwachen aus der Erstarrung, der Routine.

| 17 | DER STERN | ♀ |

Karte 17: Der Stern

Bei dieser Karte handelt es sich in erster Linie um die Liebe. Nun mag man fragen, warum die Liebe erst so spät auftritt? Dazu sei betont, daß es sich bei unserer Reise oder bei der Abfolge dieser Karten keinesfalls um eine zeitliche Abfolge handelt. Die Reise verläuft also nicht genau von der Geburt bis zum Tod, weil es sich ja um Erfahrungen und Entwicklungsstufen handelt. Außerdem symbolisiert diese Karte auch die himmlische Liebe, das Musische, das Künstlerische, die Gefühlswelt.

Die Frau befindet sich an einem befruchtenden Wasser, das sie auf die Erde lenkt. Das mag zunächst an die Karte „Das Maß" erinnern, aber bei dem Bild vom Maß handelt es sich um einen Engel, während wir es hier einwandfrei mit einer irdischen Frau zu tun haben, wenn sie sich auch sehr mit dem Himmel verbunden fühlt. Der Name „Der Stern" soll uns klarmachen, daß wir nun den Stern gefunden haben, der uns leitet, der uns führt.

Hier herrscht – ähnlich wie in Karte 11 („Die Kraft") – die Frau, also die weibliche Polarität vor. Dies kommt auch gut durch die Zahl 17 zum Ausdruck. Die Quersumme ist die 8, und sie weist auf die acht Sterne hin, die am Himmel scheinen und in das Dunkel der Nacht gehüllt sind. Die 17 ist die Karte des Magiers kombiniert mit der Karte des Siegeswagens. Da der Magier aus seinem animalischen Bereich herausgewachsen ist, wie in der Karte 7 deutlich wurde, kann er sich hier seiner Venus auf Erden nähern oder ihr begegnen.

Wenn wir die Karte des Magiers daneben legen, dann ist eine Verbindung zwischen beiden Karten gut denkbar, ja zu wünschen! Der weibliche Pol braucht keine noch so zarte Dressur auszuüben, die Frau hockt hier wie selbstverständlich am Wasser, um die Erde, um den Samen (auch den des Mannes) zu befruchten. Dadurch ist eine Unendlichkeit, eine Ewigkeit garantiert, denn aus der Verbindung von Mann und Frau entsteht neues Leben, so wie es die Zahl 8, die unendliche Zahl, auch fordert. Das Wasser, das hier geschöpft wird, bedeutet, daß die Bindungen beseelt sein müssen.

Der Stern ist auch unsere Traumkarte, die – wenn es sich etwa um einen Alptraum handelt – mit dem Teufel zusammengelegt wird; geht es um einen Wunschtraum, vielleicht mit der Karte der Sonne. Die Traumwelt – ober besser die nächtliche Welt – spielt hier eine wichtige Rolle. Erst nachts kommen uns die erleuchtenden, die fruchtbaren Gedanken, weil der hektische Alltag uns dazu keine Ruhe läßt. In der Stille der Nacht können wir die Zusprüche der Musen vernehmen, da sind die Ideen greifbarer.

Schon immer hieß es, wenn es um ein wichtiges Problem ging, „eine Nacht darüber schlafen", weil sich dann alles in einem senkt, weil dann auch die Seele und das Unbewußte mit über die Probleme nachdenken, die es zu lösen gilt.

Normalerweise leuchten ja am Tage keine Sterne, obwohl man die Nachtseite, das Dunkle mit ins Tagesbewußtsein hinübernehmen soll. Keiner sollte sich am Tage von seinen dunklen Gedanken trennen, wobei das Wort „dunkel" nicht im negativen Sinn ausgelegt werden darf! Es sind damit die Gedanken aus der Tiefe gemeint, die oft weitreichend und klarer sind als die bewußten, die so sehr vom Tagesecho beeinflußt werden.

Das Wasser auf diesem Bild hat man in der Geschichte des Tarot oft als Lebenselixier bezeichnet, das dem Menschen vom Himmel

gespendet wird. In diesem Sinn sprachen wir bereits von der Beseelung. Die Kartenbetrachter fühlen etwas von dieser Kraft, denn vor die Entscheidung gestellt, welche Karte ihnen besonders zusagt, greifen die meisten (drei von fünf Personen!) zu dieser hier.

„Der Stern" wird als Venus angesehen, als Aphrodite, als Isis und auch als Astarte, als die weibliche Göttin also, die Frieden, Liebe, Harmonie und Ausgleich bringt. Göttinnen waren Glaubenssymbole. Und das Wasser spielt in allen Religionen eine ganz besondere Rolle. Früher herrschte die Vorstellung, daß alles Wasser vom Himmel käme. Die Milchstraße wurde von den Ägyptern als himmlischer Nil angesehen, aus dem irgendwo der irdische Nil entspringt. Wasser ist das Symbol der Fruchtbarkeit, aber auch der Aufnahmefähigkeit eines Menschen. Es ist immer auch etwas Reines, das man Priesterinnen oder wenigstens Glaubenden anvertrauen sollte. Der Engel von Bild 14, der uns mit dem Wasser und den zwei Krügen das Maß lehrte, hat sich hier für eine ähnliche Tätigkeit sicher nicht irgendeine Frau ausgesucht, sondern eine, die voller Demut gegenüber den Gaben des Himmels ist.

Allgemein: die Liebe, die Muse, die Religion, die Hoffnung.

Liebe: die himmlische Liebe, die fruchtbare Bindung; die Liebe, die gebiert, die etwas wachsen läßt.

Beruf: der Musenkuß, die nächtliche Idee, die Gnade des Erfolges.

Gesundheit: die Hoffnung; das innere Gleichgewicht, Meisterung von Belastungen.

Vermögen: die gute Anlage, die sich wie von allein vermehrt; die gute Beratung.

Freundschaften: eine tiefe Freundschaft zu einer Person des anderen Geschlechts vor und nach der Liebe.

Gedanken: religiöse, musische und heilende Gedanken.

Gefahren: mehr Hoffnung, der Gefahr zu entrinnen, als Angst, in ihr zu landen.

Entwicklungsstufe: die sinnsuchende, himmlische Liebe; Bereitschaft, zu geben und zu schenken.

Karte 18: Der Mond

Auf dieser Karte sehen wir zwei Türme und zwei Hunde sowie den Krebs, der auf den Mond zustrebt. Das Tier kommt aus der Tiefe, es lebt, wo sich Erde und Wasser treffen. Der Weg geht zwischen den beiden Türmen hindurch und verliert sich im Hintergrund.

Das Bild will den Aufbruch der Seele verdeutlichen. Es ist eigentlich eine karmische Karte. Sie zeigt, daß die Seele über den Mond (in der Astrologie stets das Symbol für die Seele) in den Himmel hineinkommen wird.

Diese Karte löst oft Angst und Bedrückung aus. Beim fahrenden Volk wird sie als Bote des Unglücks bezeichnet. Sie soll Enttäuschung anzeigen, Unaufrichtigkeit, Unglück. Genau das Gegenteil dürfte richtig sein. Diese Karte symbolisiert die allgemeine Aufbruchstimmung aus dem tiefsten Innern. Dieser Aufbruch ist nicht aufzuhalten! Er überwindet nicht nur das Animalische (die Hunde), sondern bewältigt weiteste Entfernungen, gelangt an Wachttürmen

vorbei und vermag sogar Felsen zu sprengen! Hier wird die tiefe und die magische Kraft versinnbildlicht, die in jedem von uns wohnt und nur erlöst werden will. Denn die magischen Kräfte leben in einem Menschen oft so wie Dornröschen im Märchen. Die Kraft ist da – sie muß nur geweckt werden, dann überwindet sie alle Hindernisse, dann läßt sie alles zurück, auch den Hund, der den Narren begleitete. Damit wird der Narr endgültig abgelegt, und der Magier bringt mit seiner Kraft Licht in die Nacht, die er zum Tage wandeln könnte, wenn er wollte.

Die Zahl dieser Karte ist die 18. Die Quersumme ist die 9. 9 ist die Karte des Eremiten, der auch Licht in die (seine) Finsternis brachte, aber hier dringt das Licht nach außen. Die 18 ist auch die 2 mal die 9, also die Zahl der Hohenpriesterin mal der des Eremiten, wie sie aber auch den Magier (Karte 1) neben der Karte 8, der Gerechtigkeit symbolisiert. Das Dunkle drängt zum Hellen, sucht das Licht. Daß das Dunkle wie ein gefesseltes Ungeheuer in uns lebt, empfinden viele Menschen. Deswegen geht eine gewisse Bedrückung von dieser Karte aus.

Hier bricht der innere, dunkle Mensch hervor, hier wird er geboren, weil er nun dafür reif ist. Diese Reifung brauchte immerhin 17 Stationen unserer Tarot-Reise. Nun macht sich der ganze Mensch auf den Weg, der allerdings keine Umkehr kennt.

Damit stoßen wir noch auf eine andere Symbolik des Hundes. Er galt immer auch als Wachhund der Unterwelt. Normalerweise lassen die Höllenhunde, wie sie auch genannt werden, niemanden aus dem Dunklen heraus, bis auf diejenigen, die kein „Halt" kennen. Sicher bedarf es dazu großer Kräfte, aber die kann jeder erringen. Auch Herkules überwand den dreiköpfigen Cerberus, ohne ihn töten zu dürfen, das erschwerte den Kampf in ganz besonderer Weise.

Es geht ferner um ein großes Wagnis in diesem Bild, denn der Krebs will ans Land, er verläßt sein Element, das Wasser, das ihn beschützte, ihm eine Heimat bot. Jetzt gibt er alle Sicherheit auf. Diese Mutprobe kann nur bestehen, wer mit seinem ganzen Herzen, mit seiner ganzen Seele engagiert ist. Hier wird mehr als vordergründiger Mut verlangt, nämlich Einsatz mit allem Risiko. Vor dem jedoch schrecken viele von uns zurück; auch deswegen stößt dieses Bild oft auf deutliche Ablehnung.

Wer sich jedoch eingehender mit diesen Tarotkarten beschäftigt hat, der findet schnell Zugang zu diesem Bild. Vielleicht weil jeder von uns über sich hinauswachsen will und sich nach dem großen Aufbruch sehnt! Beim Krebs können wir allerdings nie sicher sein, ob er seinen Weg auch wirklich bis zum Ende fortsetzt. Drei Schritte vor – zwei zurück, so hat es der Volksmund beobachtet. So scheint sein Wagnis leicht zu sein. Ist er aber einmal an den Höllenhunden vorbei, kann er kaum zurück, ein zweitesmal würden sie ihn nicht durchlassen. Der Krebs beweist hier also Mut.

In der Alchimie trägt diese Entwicklungsstufe den Namen „Die Kraft des Unbewußten", womit ausgedrückt werden soll, daß diese Kraft nicht zu schlagen ist. Hier haben sich karmische Erfahrungen aller Zeiten niedergeschlagen. Wenn diese Erfahrungen umgesetzt werden, dann besteht die Möglichkeit des Über-sich-Hinauswachsens, wie es beispielsweise bei den großen Genies aller Zeiten zuzutreffen scheint. Fast alle stammen aus Familien, denen man ein Geniekind nicht zugetraut hätte. Mag auch die Möglichkeit zum Genialen in jedem leben, so bricht sie doch nur höchst selten hervor. Dazu gehört eben auch, aus dem Schlamm herauszukommen – deswegen ist das Symbol Krebs so unverwechselbar. Der zähe und hindernde Schlamm ist in uns, oder wie es wieder einmal der Volksmund treffend formuliert: Man muß den inneren Schweinehund überwinden, wenn man etwas erreichen möchte. Wir haben beim Bild des Eremiten gesehen, daß er Licht ins Innere brachte, um die Dämonen in sich zu erkennen. Das fällt sicher schwer, denn der Schlamm deckt sie zu, er verbirgt sie. Allein der Krebs, die Urkraft in uns, bringt sie hervor, befreit sie aus der Dunkelheit, zum Leidwesen der Hunde, die dadurch bereits die Macht über das Dunkle verloren haben. Würde der Krebs nun auf seinem Weg wieder umkehren, was er bewegungsmäßig könnte, dann wäre das ein erneutes Hinabsinken in den Schlamm.

Die Hunde weisen noch auf ein Himmelsbild hin, auf den Sirius, den Hundsstern. Er kündigte zu Beginn des Sommers mit seinem Aufgang am frühen Morgen die kommende Nilflut und damit die Fruchtbarkeit sowie den Sommer an.

Auf den Mond folgt die Karte der Sonne. Stets wurde es als Anerkennung betrachtet, wenn jemand aus dem Dunklen ins Helle treten durfte, denn er hatte den Segen der Sonne. Deswegen liegt die

Mondkarte im Tarot vor der Sonnenkarte. Der Magier ist also noch einmal tief in das Dunkle gestiegen, um mit allen Schätzen, die er dort fand, den weiten Weg ins helle, glänzende Licht zu wagen. Dazu war sicher Mut nötig, die Angst vor dem inneren Dunkeln läßt uns auch das äußere Dunkel fürchten. Diese Karte zeigt keine Menschen, ebenso wie die Karte „Fortune", bei der auch der Aufbruch aus dem Dunklen eine so große Rolle spielt. Es scheint, als wollten beide Bilder zeigen, daß wir es hier mit fast übermenschlichen Anstrengungen zu tun haben, die trotzdem zu meistern sind.

<u>Allgemein</u>: der Aufbruch aus der Tiefe, der grundsätzliche Weg.

<u>Liebe</u>: der Zwang, den Bindungsweg bis zum Ende zu gehen, aber nicht als Opfer, sondern als Aufgabe.

<u>Beruf</u>: seiner Berufung ohne Rücksicht nachstreben.

<u>Gesundheit</u>: die große Umwandlung; Gesundungskraft aus der Seele.

<u>Vermögen</u>: alles hinter sich lassen.

<u>Freundschaften</u>: Freunde ziehen mit, oder man geht allein.

<u>Gedanken</u>: über sich hinauswachsen wollen.

<u>Gefahren</u>: alles riskieren; Selbstopferung.

<u>Entwicklungsstufe</u>: Einblick in die Ganzheit; Kraft aus der Erkenntnis des Lebenssinns; Selbstanalyse; der Weg aus sich heraus.

Karte 19: Die Sonne

Die Sonne ist der strahlende Mittelpunkt, sie bedeutet Leben.
Auf der Karte steht in der Mitte der Lebensbaum, um den zwei Menschen verschiedenen Geschlechts sich tanzend vereinen. Im Hintergrund unterstreicht eine alte Alchimistenküche, daß die Sehnsucht der mittelalterlichen Chemiker immer die allmächtige Sonne war, die jedem Ding die Existenz schenkt. Außerdem dreht sich um sie der Tierkreis: Alles im Sonnensystem kreist allein um unser Zentralgestirn.
Es ist die Karte der gleichwertigen Zweisamkeit. Diese ist so verbindend, daß es hier keiner Gottheit oder anderer Helfer bedarf. Wenn man sich vereinen kann oder vereint hat, hilft die Hoffnung, alle Zweifel zu besiegen. Das Leben wird in den sonnigsten Farben gesehen. Hier ist es so voller Magie, daß der Magier nicht mehr zu zaubern brauchte! Immerhin handelt es sich hier um die Karte des Magiers und des Eremiten. Dieser hat aus seinem Einsiedlerleben

heraus zur Zweisamkeit gefunden, was einen überwältigenden Schritt darstellt. Die Quersumme der Zahl 19 ist 10, damit die 1. Alles geht auf den Magier zurück. Dessen Weg ist im Grunde zu Ende, findet hier seinen Abschluß.

Die folgende Karte wie auch die letzte des Spiels, die 21, tragen bereits die 2 als erste Ziffer. Es sind daher die Karten, die wir ganz besonders der Hohenpriesterin zuteilen. Auch die 19 ist wie die 17 und die 11 oder die 13 als zweiziffrige Zahl nur durch die 1 oder durch sich selbst teilbar – also unteilbar. Das gemeinsame Glück sollte unteilbar sein, obwohl man dafür stets auf der Hut sein muß, denn immerhin haben wir es hier auch mit der unheimlichen 9 zu tun. Doch die Kraft des Magiers, die 1, bändigt sie letztlich wohl doch.

Viele Völker, von den Babyloniern und den Ägyptern über die Azteken bis zu den Indianern, haben die Sonne direkt als den Schöpfer angesehen. Obwohl wir *die* Sonne sagen, wurden ihr stets mehr männliche als weibliche Eigenschaften zugeschrieben, die weiblichen teilte man dem Mond zu, der ja vordergründig männlich eingestuft wird, wenn wir *der* Mond sagen. Viele Gläubige wiesen etwa beim Sonnenaufgang auf die Sonne hin und meinten: Seht, da oben – da geht „ER" ... das ist unser Vater!

Die Sonne erschien dem Mond gegenüber stets als ein wenig benachteiligt, denn ihn kann man oft auch am hellen Tag sehen, die Sonne aber nie des Nachts. Doch was wären unser Mond, unsere Planeten, unsere Erde ohne Sonne? Es gäbe kein Leben auf unserem eigenen Planeten, und die anderen, die wir sehen, wären dunkle Massen im Weltraum, die man von einem anderen Planeten aus nicht betrachten könnte, weil sie kein Sonnenlicht zurückwerfen würden. Die Sonne ist unsere große Freude, besonders in den nördlichen Breiten. Wenn sie steigt, feiern wir unsere schönsten Feste, nämlich die des Frühlings. Wenn sie absinkt, dann werden die Feste schon besinnlicher, ob es sich nun um das Erntedankfest handelt oder um das Weihnachtsfest, das auch aus einem Sonnenfest, nämlich der Wintersonnenwende, hervorgegangen ist.

So steht die Sonne als Höhepunkt, als letzte Karte, die sich mit den Entwicklungsstufen der diesseitigen Existenz beschäftigt. Mit der Karte 20 beginnt eine völlig andere Auseinandersetzung, da das Jenseits bereits mit im Vordergrund steht. Aber noch können wir im Sonnenlicht des Lebens schwelgen und uns darüber freuen.

Es ist eine Karte der Zuversicht, des Vertrauens auch in sich selbst, da man auf dieser Entwicklungsstufe die eigene innere Sonne entdeckt hat. Einst hieß dieses Bild in Ägypten: volles Leben. Besser läßt sich diese Karte kaum beschreiben!

Im alchimistischen Sinn haben wir es hier mit der Konjunktion zu tun, der Vereinigung gegensätzlicher Elemente. Mit dem Zusammensein des Männlichen – hier außerdem für das Bewußtsein stehend – und des Weiblichen – das Unbewußte symbolisierend – ist die erstrebenswerte Mitte erreicht.

Es wird deutlich, daß die beiden jungen Menschen vorerst noch im siebten Himmel schweben.

So bleibt also noch viel zu tun, fast alles, wie es scheint. Die Kinder müssen wachsen, die Erwachsenen ihr Land bestellen. Aber die Ausgangslage ist günstig wie nie! Auch im Jahresablauf beginnt ja mit dem Höchststand der Sonne um den 21. Juni erst die eigentliche Arbeit, die den Sommer hindurch anhält, während die Sonne bereits wieder absteigt. Der Mensch muß also ihr Werk weiterführen.

Je höher man in den Norden unserer Erde kommt, desto klarer wird dies. Wo die Sonne nur einige Wochen hindurch scheint, muß diese Zeit viel intensiver genutzt werden als dort, wo sie so gut wie immer Wärme spendet.

Auch in diesem Sinn ist die Karte zu betrachten: als Aufforderung, sich nicht nur seiner eigenen Sonnenkraft zu überlassen, sondern diese anregend und intensiv einzusetzen.

Schöpferkraft, die in jedem Menschen lebt, muß genutzt werden, andernfalls wird sie eines Tages als schwere Last empfunden. Wer also die Sonne (welche auch immer) nicht nutzt, wer meint, dies sei ein Geschenk, das zu nichts verpflichtet, der irrt und wird bald seine falsche Einstellung büßen.

Wie sind die Wüsten entstanden? Man sagt, weil die Menschen mit dem Gut, das ihnen dort geschenkt war, leichtfertig umgegangen sind. Wälder, die dort wuchsen, wurden abgeholzt, die Wüste drang also vor, und nur mit größter Mühe gelingt es heute, verödete Gegenden wieder fruchtbar zu machen.

Den Wäldern im Norden droht ein ähnliches Schicksal, nur von anderer Seite. So ist diese Karte auch eine Aufforderung zur Tat. Der Sonntag kann erst dann wirklich genossen werden, wenn die Werktage genutzt wurden. Zu viele Sonntage treiben zur Langeweile.

Und äußere Langeweile wird bald zur inneren: diese erstickt sehr schnell die Sonnenkraft in uns. Viele arbeitende Menschen, die zu früh aus dem Beruf gerissen wurden, können ein trauriges Lied davon singen. Sie haben erfahren, wie schwer es ist, die verschüttete Sonnenkraft wieder auszugraben und erneut zu aktivieren. Auch in diesem Sinn sind die jungen Menschen dieser Karte zu verstehen.

<u>Allgemein</u>: Lebensfülle, Zuversicht, Glück, Aktivität, Lebensfreude, Kraft zum Anpacken, Optimismus.

<u>Liebe</u>: Hochgefühl, Auftrieb durch Bindungen, Kraft zum Geben und um Freude zu bereiten.

<u>Beruf</u>: anerkannte Leistung, Erfolg, Freude am Einsatz, Erringen hoher Positionen.

<u>Gesundheit</u>: bestens, oder alle Chancen, geheilt zu werden.

<u>Vermögen</u>: vermehrt sich von selbst, sichere Anlagehand.

<u>Freundschaften</u>: können Wunder bewirken; alte Freunde tauchen überraschend auf, Bindungen erneuern sich.

<u>Gedanken</u>: Hochgefühl; man möchte die ganze Welt umarmen.

<u>Gefahren</u>: kaum vorhanden, bestenfalls Übermut oder die Gefahr, die Sonnenkraft nicht zu nutzen.

<u>Entwicklungsstufe</u>: Erneuerung, Kraftgefühl, Schöpferimpuls in sich fühlend.

Karte 20: Die Auferstehung

In allen Religionen spielt das Weiterleben nach dem Tod eine bedeutende Rolle.

Bestimmend hierfür ist das Vorbild, das uns der Mond am Himmel gibt. Er ist das einzige Gestirn, das wächst und wieder vergeht, das über Tage vom Himmel verschwunden ist, dann aber immer wieder neu geboren oder „am dritten Tage auferstanden" zu erblicken ist. Kein Wunder, daß diese Karte ganz der Hohenpriesterin gehört, die ja im Tarot den Mond am Himmel repräsentiert.

Die 2 ist die empfangende Zahl, die Zahl des Mondes, der sein Licht von der Sonne erhält. Und die Quersumme der Zahl 20 ist 2. So schließt sich auch hier der Kreis. Da der Mond aufersteht, hoffen die Menschen, auch auferstehen zu können. Damit wurde der Mond zum Symbol der gebärenden Frau, ja zum Symbol der Geburt. Die Auf- oder Wiederauferstehung wurde lange Jahrhunderte hindurch als Belohnung verstanden, der ein Gerichtsurteil des Himmels vor-

ausgehen mußte: Auferstehung in den Himmel oder Abstieg in das Fegefeuer, die Hölle. Diese Begriffe wurden auch als Erziehungsmittel eingesetzt, also sehr individuell ausgelegt. Im Osten ging man da andere Wege, da der Begriff des Karma nicht als Strafe oder als Belohnung und schon gar nicht als Druckmittel verstanden wurde. Das Jüngste Gericht, wie diese Karte oft genannt wird, galt und gilt im Osten nicht als Tag des Lohnes oder des Schreckens. Im Tarot ist dies im Grunde auch so. Die Menschen erheben sich aus der Erde, aus den Särgen, um aufzuerstehen. Von einem Urteil, einem Gericht ist nichts zu sehen, auch nichts von einer Strafe oder einer Hölle. In der Bibel heißt es dazu: „Siehe, ich enthülle euch ein Geheimnis: Wir werden nicht alle entschlafen, aber wir werden alle verwandelt werden – plötzlich und in einem Augenblick, beim letzten Posaunenschall." Hier liegt der Kern mancher Überlieferung. Die Posaune wird erschallen, heißt es dann auch, die Toten werden zur Unvergänglichkeit auferweckt!
Man kann auf mehrere Arten überleben. Künstler und Dichter tun dies durch ihre Werke, Techniker oder Forscher durch ihre Erfindungen. Erfahrungen von Menschen überleben, auch Traditionen und Wertbegriffe. Hier aber geht es wohl mehr um ein Weiterleben, nicht um ein neues Leben, das vielleicht in einem neuen Körper stattfinden mag. Interessant an dieser Auferstehungslegende ist die Tatsache, daß die Menschen nicht nur die Hoffnung in sich tragen, daß das Leben anderswo – egal auf welche Art – weitergeht. Nein, so gut wie alle Gestalten, die auferstehen, zeigen sich jung, kräftig und wirklich erneuert, wenn man bedenkt, daß doch die meisten Menschen in einem höheren Alter sterben. Es handelt sich also um unseren Kern, der in dem Sinne nicht altert.
Um die irdische Gerechtigkeit ging es in der Entwicklungsstufe 8, wenn auch dort schon das Herz eine Rolle spielte. Gedanken über den Tod sollte sich der Kartenbetrachter bei der Karte 13 machen. Hier bei Karte 20 stehen mehr die Vorstellungen in dem Mittelpunkt, wie es denn wirklich im Jenseits aussehen könnte, egal welche Funktion und Aufgabe da der einzelne hat. Es wäre für den Menschen einfach erniedrigend, wenn er wirklich daran glauben müßte (so naturwissenschaftlich dies auch begründet sein könnte), daß er wieder zu Erde wird. Dazu hat er im Laufe der Menschheitsgeschichte zu häufig zum Himmel geschaut, um sich von dort Trost

und Hinweise zu holen: Wenn wir also nach dem „Danach" fragen, dann dreht es sich eigentlich um die Frage: Hat das Leben überhaupt einen Sinn?

Durch die Karte 20 soll das Sichbeschäftigen mit dieser Entwicklungsstufe angeregt werden. Sie will etwas vom Sinn der Existenz aussagen. Das beginnt damit, zu begreifen, daß am Ende wieder alle Menschen gleich sind: Das letzte Hemd hat keine Taschen. Hier verfügt keiner – wie manchmal schon von Geburt an – über Vorteile oder über einen Vorsprung, mag auch das einzelne Grab noch unterschiedlich gestaltet und ausgestattet sein. Damit soll gesagt werden: Die Chancen, sich mit dem Unerklärlichen zu beschäftigen, das Okkulte zu durchdringen, die sind eines Tages für alle gleich, denn was auf Erden nicht möglich ist, das wird im Himmel möglich sein. Wenn im Anfang das Ende liegt, wie wir schon vernommen haben, dann muß das Ende auch einen Anfang in sich bergen, und darüber nachzudenken lohnt sich gewiß! Dabei sind die individuellsten Ausdeutungen und Auslegungen möglich, was uns zur Karte 1 zurückführt, da sich ja beide, die 20 und die 1, in der letzten Karte vereinen.

Die vorletzte Entwicklungsstufe führt uns zu den Dingen, die eigentlich kaum faßbar sind. Auf alle diese Fragen, ob okkult, konfessionell oder karmisch, sind Antworten im logischen Sinn nicht zu geben. Hier spielt die Überzeugung, auch der Glaube eine wichtige Rolle. Alle Religionen beruhen auf diesen Fragen nach dem Danach und damit letztlich nach dem Sinn des Daseins.

Manche Fragen werden beim Anblick dieser Auferstehung gestellt: Wie sieht es drüben aus, wenn es Drüben gibt? Rollt im Moment des Todes das Leben noch einmal vor einem ab? Bekomme ich wieder Kontakt zu den Menschen, die vor mir die große Reise angetreten haben? Die „für sich selbst" gefundenen Antworten entscheiden oft über die Grundeinstellung in den letzten Stunden, Tagen, Jahren. So will dieses Bild eigentlich mehr anregen, sich mit Dingen auseinanderzusetzen, die meistens mit Stillschweigen übergangen werden. Wer sich allerdings im Tarot bis hierher durchgearbeitet hat, der wird sich mit Sicherheit auch diesen Überlegungen stellen. Jetzt wird weniger nach den Dämonen in uns als nach den Kräften gefragt, denen wir außerhalb dieses Lebens begegnen könnten. Auch dies haben viele Künstler immer wieder festgehalten und im persönlichsten Sinn interpretiert.

So muß sich jeder Tarot-Leger besonders mit der Karte „Die Auferstehung" auf ganz individuelle Weise auseinandersetzen, vielleicht wird auch mancher über die Bildaussage meditieren. Nur eines ist klar, und das weist auch auf die Karte 13 hin: Der Mensch steigt erst wieder neu geboren heraus, wenn er vorher durch die Dunkelheit gewandelt ist. Wir kennen diese Krisensituationen aus unserem Leben, wenn wir uns etwa freiwillig in ein Exil (auch innerlich) begeben, um mit uns ins reine zu kommen. Auch diese Selbsterfahrung ist hier angesprochen; sie muß sogar bei der Deutung und Auslegung als vorrangig gesehen werden. Denn das „Jüngste Gericht" erleben wir mehrmals im Leben, wenn wir auch die Posaune leider meist nicht vernehmen.

Allgemein: Hingabe, Glaubensfrage, Auseinandersetzung mit dem Okkulten, dem Dunklen.

Liebe: Glauben an die Liebe, Ausgeliefertsein an den Partner.

Beruf: Ende des Berufes, Abschied, Pensionierung, Bilanzierung des Berufslebens.

Gesundheit: Besinnungsphase, Selbstquälerei, psychosomatische Belastungen, langsame Regeneration.

Vermögen: Letzter Wille; Spendenabgabe.

Freundschaften: Beschränkung auf wesentliche Freundschaften; Opferung für eine Freundschaft.

Gedanken: Auseinandersetzungen mit dem Okkulten, dem Jenseits, dem Geheimnisvollen.

Gefahren: Selbstaufgabe, Irrlehren, einem Sog ausgeliefert sein, Ergebenheit; Schwierigkeiten aus dem Weg gehen.

Entwicklungsstufe: Beschäftigung mit den Dingen „danach"! Glaubensüberprüfungen; Glaubenswechsel.

Karte 21: Das All

Die Karte wird „Das All" genannt, was auch am zutreffendsten
erscheint.

Die Frau symbolisiert die Freuden der Welt, und die Ecken der Karte
sind mit drei Tierköpfen und einem Menschenbild geziert.

Diese vier Bilder weisen auf die vier Evangelisten hin: Der Stier steht
für Lukas, der Löwe ist das Symbol von Markus. Der Adler versinnbildlicht Johannes und der Engel (oder der Menschenkopf) Mat-
thäus. Fast in jeder katholischen Kirche kann man diese Symbolik
finden. Sie weist auch auf die Astrologie hin, da es sich hier um die
vier „festen" Zeichen handelt. Das sind diejenigen Tierkreisabschnitte, die jeweils in der Mitte einer Jahreszeit stehen – im Frühling
ist dies der Abschnitt Stier, im Sommer der Abschnitt Löwe, im
Herbst der Skorpion (der ja einst Adler und Schlange hieß) und im
Winter der Abschnitt Wassermann, der immer mit einem Engel- oder
Menschengesicht dargestellt wurde. So greift zum Schluß noch ein-

mal alles ineinander: Astrologie, Religion und Tarot. Das All ist die Karte der Endstation, die die Entwicklungsstufe symbolisiert, da man sich im Kosmos eingebunden fühlt. Erde, Pflanze, Tier, Mensch und Himmel haben in Ordnung zueinander gefunden.

Die Zahl ist die 21, da nun die 2, die Hohenpriesterin, vor dem Magier steht, der ja die 1 repräsentiert. Das Unbewußte hat wieder Vorrang, oder anders gesagt, wir sind wieder zur Ordnung des Matriarchats zurückgekehrt. Die 21 ergibt sich aus der Multiplikation der heiligen Zahlen 3 und 7. Hier ist der Weg zu Ende; danach kommen zwar noch unendlich viele Zahlen, aber keine heilige Zahl mehr. Drehen wir die 21 um, dann erhalten wir die Zahl 12, eine Tatsache, die wir schon bei der Besprechung dieser Karte berücksichtigt haben. Die Quersumme der 21 ist die 3, was uns zur Herrscherin zurückführt, die sich hier in die Figur der Welt verwandelt hat. Auch die Symbolik der Herrscherin hat also einen ungeheuren Wandel durchgemacht, denn aus der Beherrschung des Materiellen ist nun die Herrschaft über das All geworden.

Diese Gestalt wurde auf dem Höhepunkt des Tarot zum ruhenden Pol. Hier haben eigentlich der Narr wie der Magier nichts mehr zu suchen, falls sie sich nicht mitgewandelt haben. Die Schlange erhebt sich zu Ehren der Welt vom Boden. Der Kranz soll darauf hinweisen, daß die Natur in der Ganzheit harmonisch eingebunden ist. Es geht hier also nicht mehr um das Schicksalsrad oder das Rad des Fortune, sondern dieser Kranz zeigt die Verbindung von Erde und Himmel. Er hat eine Ei-Form, was immer auf neues Leben hinweist.

Aber auch die Schlange trägt dieses Symbol in sich, denn das Sichhäuten wird als Verjüngung empfunden, weil sich die Schlange verjüngt und erneuert wie der Mond. Daher ist sie ein Mondtier oder ein Sinnbild des Mondes. Wir erkennen das Symbol links unten, wo die Sonne durch die Hörner des Apisstieres wandert, sie geht also durch beide Sicheln des Mondes durch, die sterbende wie durch die auferstandene. Alles ist eine Einheit.

Um das Sinnbild der Lebensfreude gruppieren sich die vier Symbole der Evangelisten. Über die Bedeutung dieser Religionsgestalten hinaus vertritt der Stier die Festigkeit, die Geduld, die Möglichkeit, diese Erde fruchtbar zu machen, denn er war das erste Pflugtier. Er steht für beharrliche Substanz, für das Zusammenhalten.

Der Löwe ist das Sinnbild des Feuers, besonders des Feuers der Schöpfung. Aber er vertritt auch den Geist, den Stolz und die Autorität, die vorhanden sein muß, um das Feuer, das auch künstlich erzeugt werden kann, zu beherrschen.

Das Wasser wird vom Adler vertreten, was Nichtastrologen verwundern mag, aber es ist schon erläutert worden, wieso dies so ist. Wasser steht für die emotionale Kraft, für die Seele, den Lebensborn, die Fruchtbarkeit und für die Kraft des Aufnehmens, des Aufsaugens. Bleibt der Engel, der die Luft vertritt. Es ist hier der Intellekt gemeint, das Gedankliche, die Überlegungen, die Erfindungen der Schriften und die Sprache: Dinge also, die den Menschen in erster Linie vom Tier unterscheiden. Deswegen hat man hier auch das Symbol des Engels gewählt. Und diese vier umrahmen die Welt, das All.

Für den Betrachter geht es darum, daß er nun am Ende des Weges seine kleinere Welt für sich in Ordnung bringt, denn nur wenn im Kleinen Ordnung ist, kann sie auch im Großen anzutreffen sein. Jeder vermag hier wirklich ein Buch des Wissens vorzufinden, für das die Karte 21 den Abschluß oder die Krönung darstellt. Wie sehr die Ordnung, die Ganzheit eine Rolle spielt, geht aus der Tatsache hervor, daß die Figur der Welt zwar oberflächlich als Frau gezeichnet ist, daß sich aber in dieser Gestalt auch ein gemischtes Wesen verbirgt, wie es uns die kräftigen, muskulösen Beine mitteilen.

Wir haben hier also den Androgyn vor uns, das Wesen, das das Weibliche wie das Männliche in sich trägt. Er wurde stets auch als Symbol des Ausgleichs der Gegensätze angesehen, weil er beide Polaritäten in sich vereint. Der Androgyn kann auch anders dargestellt werden, überwiegend männlich mit weiblichem Einschlag, aber nicht im Tarot, zumal die Karte 21 ja mit der Hohenpriesterin verbunden ist. Hier spiegelt sich die uralte Überzeugung wider, daß doch das Weibliche durch das Gebären, das den Tod überwindet, führend ist.

Es ist die Karte der Mittsuche. Hier sollten wir uns selbst gefunden haben. Wer die Mitte in sich hat, gewinnt ein völlig neues Verhältnis zum Dasein und zu seiner Umwelt. Im Menschen lebt das Universum, wenn auch im kleinsten Maßstab. Er stellt den Mikrokosmos dar, der dem Makrokosmos entsprechen sollte.

Der königliche Weg will uns zu diesem Endergebnis führen. Früher galt er nur als Weg der Eingeweihten, für den nur von einer Priesterkaste oder anderen Institutionen Auserwählte ausgebildet wurden.

Je stärker und persönlicher sich der Mensch als Individuum entwikkelt, um so intensiver ist sein Bemühen um die Einordnung in das All. Gerade in einer Zeit, da das Technisch-Materielle alles total zu überspielen scheint, wehrt sich der Mensch, indem er für sich alte Wege der Erkenntnis sucht, um sich in eine Ordnung einzugliedern. Während der ganzen Reise durch die Welt der großen Arcana ging es nie um andere – sondern immer um uns selbst. Etwas Merkwürdiges ist geschehen: Man hat nicht die Umwelt verändert, sondern sich in der Umwelt. Damit ist eine innere Freiheit errungen, die einen zum Himmel schauen läßt.

<u>Allgemein:</u> Ruhe, Ausstrahlung; sich in die allgemeine und höhere Ordnung eingebunden fühlen.

<u>Liebe:</u> Sicherheit gebend und erwartend, wobei das Geben an erster Stelle steht.

<u>Beruf:</u> Erfolg; seine Grenzen erkennen und ausfüllen.

<u>Gesundheit:</u> gut; sich bei Krankheiten in guten Händen wissend; voller Vertrauen an der Heilung von innen mitarbeitend.

<u>Vermögen:</u> weniger wichtig, Befreiung vom Geiz oder von Verschwendung; Geld relativ sehen.

<u>Freundschaften:</u> Geborgenheit geben und empfangen.

<u>Gedanken:</u> sicheres Denken; voller Optimismus.

<u>Gefahren:</u> sich zu sehr von den Menschen um sich herum entfernen, sich zu sehr auf „Es wird schon alles werden" verlassen; auf die anderen von höherer Warte herabsehen.

<u>Entwicklungsstufe:</u> die eigene Mitte angestrebt und gefunden.

Die Praxis des Tarot

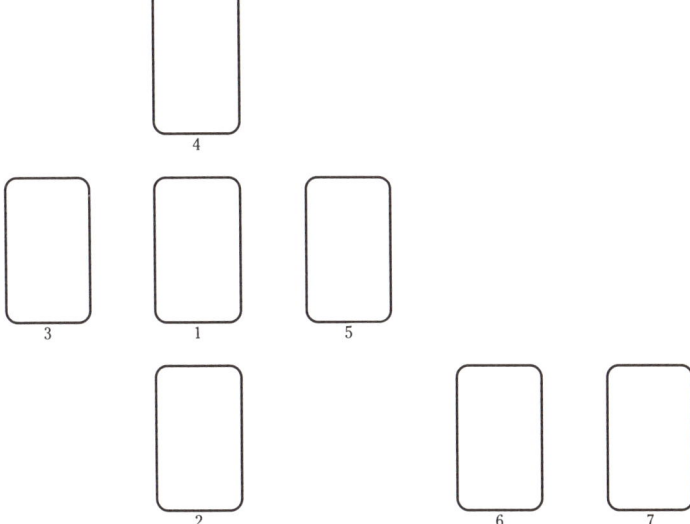

Das Orakel*

Das Orakel zu legen ist gar nicht so einfach, wie es zunächst aussieht. Man beginnt damit, daß alle Karten offen (auch durcheinander) ausgelegt werden. Der Ratsuchende nennt die Frage, die auch vom Orakel abgelehnt werden kann, wenn sie zu banal ist oder aus bestimmten Gründen nicht beantwortet werden kann (beispielsweise Frage nach dem Tod). Zu dieser Frage wählt der Ratsuchende eine passende Bildkarte, die er herauslegt. Danach nimmt er die Karten einzeln auf, mit dem Bild nach oben, mischt sie verdeckt, und legt sie mit dem Rücken nach oben aus. Nun wählt er 6 Karten aus, die übrigen 14 werden beiseite gelegt. Die offene Karte legt man in die Mitte des Tisches, sie ist für uns die Karte 1. Danach ordnen wir

---

* Die arabischen Zahlen unter den Kästchen beziehen sich auf die Reihenfolge des Legens.

die Karten 2 bis 5 so an, wie es die Abbildung auf der vorigen Seite zeigt. Die restlichen beiden sind das Orakel, sie werden rechts unten verdeckt hingelegt.

Die Karte 2 erläutert nun die Frage genauer. Karte 3 sagt etwas über die Vergangenheit aus, auf der das Problem in der Fragestellung beruht. Karte 4 spiegelt die Gegenwart wider, und Karte 5 zeigt die Zukunft. Nun kann es durchaus sein, daß damit schon die Frage beantwortet ist, dann werden die Orakelkarten nicht aufgedeckt, auch nicht spaßeshalber. Ist der Ratsuchende aber mit der letzten Antwort (das ist bis jetzt die Karte 5, die Karte der Zukunft) nicht zufrieden, wählt er eine der Orakelkarten. Sie wird aufgedeckt und in die Ausgangs- oder Zukunftsbetrachtung einbezogen. Nur wenn der Ratsuchende immer noch nicht zufrieden ist, wovor oft gewarnt werden muß, weil meist zuviel Gutes gehört werden will, deckt er die letzte Orakelkarte auf.

Diese gibt stets die entscheidende Antwort. Aber was vorher gut war, kann nun weniger gut aussehen – oder umgekehrt.

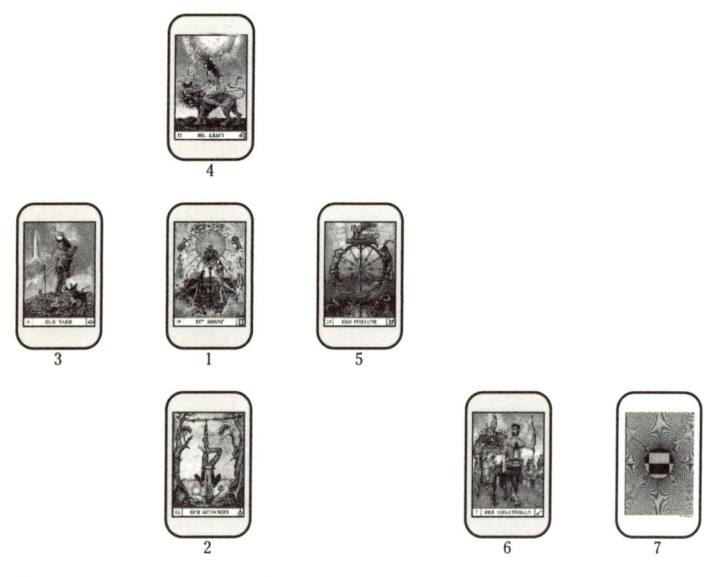

(Die Frage nach der Heirat)

Die Frage nach der Heirat

Die Frau war Ende 30 und sah blendend aus. Bei ihrer Tätigkeit innerhalb der Werbebranche hatte sie einen Kaufmann kennen- und liebengelernt, der verheiratet war.

Die Frage: Würde sich ihr Freund überhaupt je scheiden lassen, solle sie warten, lohne sich die Bindung? Aus den offenen Karten wählte sie zunächst die Karte, die die Frage am besten symbolisierte. Da es ihr um eine Gemeinsamkeit ging, suchte sie die Karte „Die Sonne" aus.

Die Fragerin nahm also die offenen Karten zusammen, mischte sie dann, legte sie anschließend mit dem Rücken nach oben auf und wählte sich sechs Karten aus, die aufgelegt wurden. Die zuerst aufgedeckte Karte 2, die unter die Sonne fiel, war „Der Gehängte": Die junge Dame mußte sich wohl klarwerden, daß sich mit der Scheidung und der eigenen anschließenden Verheiratung ihr Leben auf den Kopf stellen würde. Die als nächstes aufgedeckte Karte 3, „Der Narr", links von der Sonne, besagte dann, daß sie in der Vergangenheit frei und unbeschwert leben konnte, für die Gestaltung ihres Privatlebens also Narrenfreiheit besaß. Die Karte 4, „Die Kraft", die ja die Gegenwart verdeutlicht, zeigt, daß die Frau schon den Mann beherrscht und wohl auch beherrschen will, aus der Überzeugung heraus, daß sie beide so etwas aus ihrer Gegenwart machen könnten. Das alles sah rosig aus. Aber als Karte für die Zukunft lag das Blatt „Fortune". Also was man (sie) sich selber erkämpfen muß, die Karte der Mühe und der Anstrengung.

Ihre direkte Frage lautete: „Wird er sich scheiden lassen?" Die Antwort: „Ja, nach vielen Schwierigkeiten, die immer wieder Einsatz und Belastung nach sich ziehen." So sah die Zukunft im Gegensatz zur Vergangenheit und Gegenwart dunkel aus. Sie befragte das Orakel und wählte als erste die verdeckte Karte 6, den „Siegeswagen". Das wurde so ausgelegt: Anstrengung lohnt sich, am Ende steht ein Sieg, dem aber ein Sieg über sich selbst vorausgehen sollte, denn die Ratsuchende müßte sich zurückhalten, um nicht die Schuld für Scheidung und eventuelle Folgen auf sich allein nehmen zu müssen. Damit hatte das Orakel eigentlich gesprochen. Das Aufdecken der letzten Karte hätte ja alles in Zweifel ziehen können, so verzichtete die Frau auch darauf.

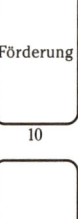

Förderung

10

Gegenwart

5

Förderung

9

Ver-
gangen-
heit

4

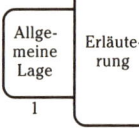

Allge-
meine
Lage

1

Erläute-
rung

2

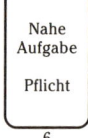

Nahe
Aufgabe

Pflicht

6

Ziel

11

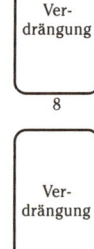

Ver-
drängung

8

Ver-
drängung

3

Ver-
drängung

7

Das Keltische Kreuz

Das Keltische Kreuz

Wir benötigen hier 11 Karten.
Die Karte 1 legt man quer. Sie steht für die allgemeine Lage, in der
sich die Ratsuchenden zur Zeit befinden. Die Karte 2 wird nun
gerade etwas über die 1 gelegt. Sie gibt uns eine Erläuterung zur all-
gemeinen Lage, sie differenziert die momentane Situation. Dann
folgt die Karte 3; sie zeigt uns, was die Ratsuchenden verdrängen.
Karte 4 spiegelt die Vergangenheit, die Karte 5 die Gegenwart wider.
Die Karte 6 zeigt die nahe Aufgabe an.
Nun aber werden von unten nach oben vier Karten ausgelegt. Die
Karten 7 und 8 zeigen den Ratsuchenden, was sie überwinden müssen. Die Karten 9 und 10 weisen dagegen aus, was zu fördern ist. All
das führt zur Zielkarte, der Karte 11, die im Grunde genommen das
letzte Wort hat.
Dieses Spiel beinhaltet ein gewisses Wagnis, weil die letzte Karte
das entscheidende Bild ist. Daher sollte diese Legeart auch nur ange-
wandt werden, wenn es sich um Menschen handelt, die innerlich
gereift sind und die Karte „Tod" nicht als reales Ende ansehen! Hier
ist vor allem darauf zu achten, ob die Ratsuchenden innerlich ängst-
lich sind! Es kann sich beispielsweise bei einer unglücklichen Liebe
durchaus darum handeln, daß diese Liebe stirbt, weil der Liebende
unter der Bindung viel zu sehr zu leiden hätte. Dies gilt auch für
andere Gebiete. Etwa für die Einstellung eines Prozesses oder für
das Aufgeben einer Stelle, das Ablassen von einem Anliegen, das
Ende einer Gefährdung (Trinken, Rauchen usw.). Ist die Karte 11
„Der Tod", kann aus den abgelegten 11 Karten eventuell noch eine
Ergänzungskarte gezogen werden.
Wichtig ist, daß eine Karte nach der anderen aufgedeckt wird und
daß der Ratsuchende im Dialog mit den Kartenlegern steht. Auch
sollte es dem Ratsuchenden stets freigestellt sein, bei einer gewissen
Karte das Spiel abzubrechen, wenn er meint, die Antwort sei schon
ausreichend.

10

5

9

4

1   2

6

11

8

3

7

(Zweifel an der jungen Freundin)

Zweifel an der jungen Freundin

Zum Kartenleger kommt ein reicher Mann, der als Erbe ein gutge-
hendes Geschäft besitzt. Außerdem gehören ihm einige Mietshäu-
ser und andere Werte, wie Aktien und Bundesobligationen. Die Ehe
ist weder schlecht noch gut, weniger aufregend, als sie einst war, was
den Mann aber gleichgültig läßt. Da lernt er ein junges, hübsches
Mädchen kennen, das ihn – nach seinen Worten – verführt hat und
auf Scheidung und neue Heirat drängt. Der Mann wird von Freun-
den gewarnt, daß es dieses junge Mädchen nur auf sein Geld abge-
sehen habe, es sei dafür in einschlägigen Kreisen bekannt. Dies alles
verunsichert den Frager, er kommt zum ersten Mal zum Kartenleger,
um sich über die Karten ein Bild von sich selbst zu machen, da er –
wie er sagt – kaum mehr klar denken und schon gar nicht entscheiden kann.
Er wählt aus den 22 *aufgedeckten* Karten 11 aus, die der Kartenleger
neutralisiert und die er selbst noch mischt. Eine Karte nach der
anderen wird nun verdeckt aufgelegt. Als Karte 1 fällt das Blatt „Das
All". Das besagt, die Lage des jungen Mannes ist allgemein gesehen
in Ordnung. Er könnte zufrieden sein. Als Karte 2 jedoch erkennen
wir den „Gehängten", und der Fragende bestätigt, daß seine Ordnung zur Zeit auf den Kopf gestellt wird. Die Karte 3 ist „Der Siegeswagen". Da muß man ein wenig nachhaken. Der Ratsuchende sollte
wohl seinen Wunsch verdrängen, den Sieger zu spielen, das heißt
auch den Glauben, eine Bindung an eine junge Frau würde ihn mit-
verjüngen. Karte 4 ist „Der Stern", die Liebe. Der Mann bestätigt sehr
betroffen, daß in der Vergangenheit durchaus eine große Liebe
bestanden hatte. Karte 5 zeigt die Gegenwart. Da liegt das Blatt der
„Gerechtigkeit". Das heißt, der Ratsuchende muß gut und klug abwägen. Aber er ist noch zu keiner Entscheidung gekommen. Als Aufgabe und Pflicht liegt „Die Hohepriesterin", in unserem Fall also das
Gewissen, das Unterbewußtsein. Diese Karte symbolisiert, daß der
Kaufmann sich in naher Zukunft nicht über die Gesetze hinwegset-
zen darf. Spontan und fast erleichtert ruft er: „Also muß ich die Entscheidung noch aufschieben!"
Ohne Antwort hebt der Kartenleger die Karte 7 auf, die ja besagt, was
der Fragende zu verdrängen sucht. Das ist die Karte „Das Maß", was
in diesem Fall bedeutet, dem Hin und Her muß ein Ende gemacht

werden. Die 8 soll nun zeigen, was noch abzuschließen ist. Es ist die Karte „Fortune". Und hieraus schließt der junge Mann für sich, und das ist wichtig: „Die ganze Arbeit und Mühe, die ich bisher geleistet habe, soll also ein Ende haben, ich sollte das Leben wohl doch noch einmal genießen, und das vermag ich nur mit meiner jungen Freundin." Anmerkung des Beraters: „Es könnte aber auch heißen, daß man sich nicht übernehmen sollte, daß es besser ist, die Kräfte in dem Alter (der Mann war Mitte 40) schon bewußter einzuteilen." Die 9 zeigt uns, daß der Mann sich selbst fördern sollte. Es ist die Karte des „Magiers", die ja besagt, daß noch alle Chancen bestehen, aus sich etwas zu machen, sich selbst zu verzaubern. Entscheidend dürfte aber die Karte 10 sein: „Der Herrscher". Herrscher über sein Geschick ist nur, wer sich beherrschen kann, zumal dieses Symbol auch für den Richter steht. Langsam wird dem Fragenden klar, daß nur er allein entscheiden kann. Er möchte hier bereits das Kartenlegen abbrechen. Er will nicht mehr wissen, was ihm die Zielkarte vermittelt.

Als der Kartenleger die Karten bereits zusammenlegen will, deckt der Fragende diese Karte auf. Es ist „Der Teufel". Das Ziel zeigt also eine Verführung, eine Triebanheizung, ein Aufbäumen an. Der Fragende wird blaß. Nicht ohne Grund fühlt er sich durchschaut.

Erst viel später erfährt der Berater, daß dieser Mann der Karte des „Teufels" nachgab, daß also die Warnung des Spieles nicht befolgt wurde. Das Ganze führte zur Katastrophe, die Freundin konnte ihn bald beerben.

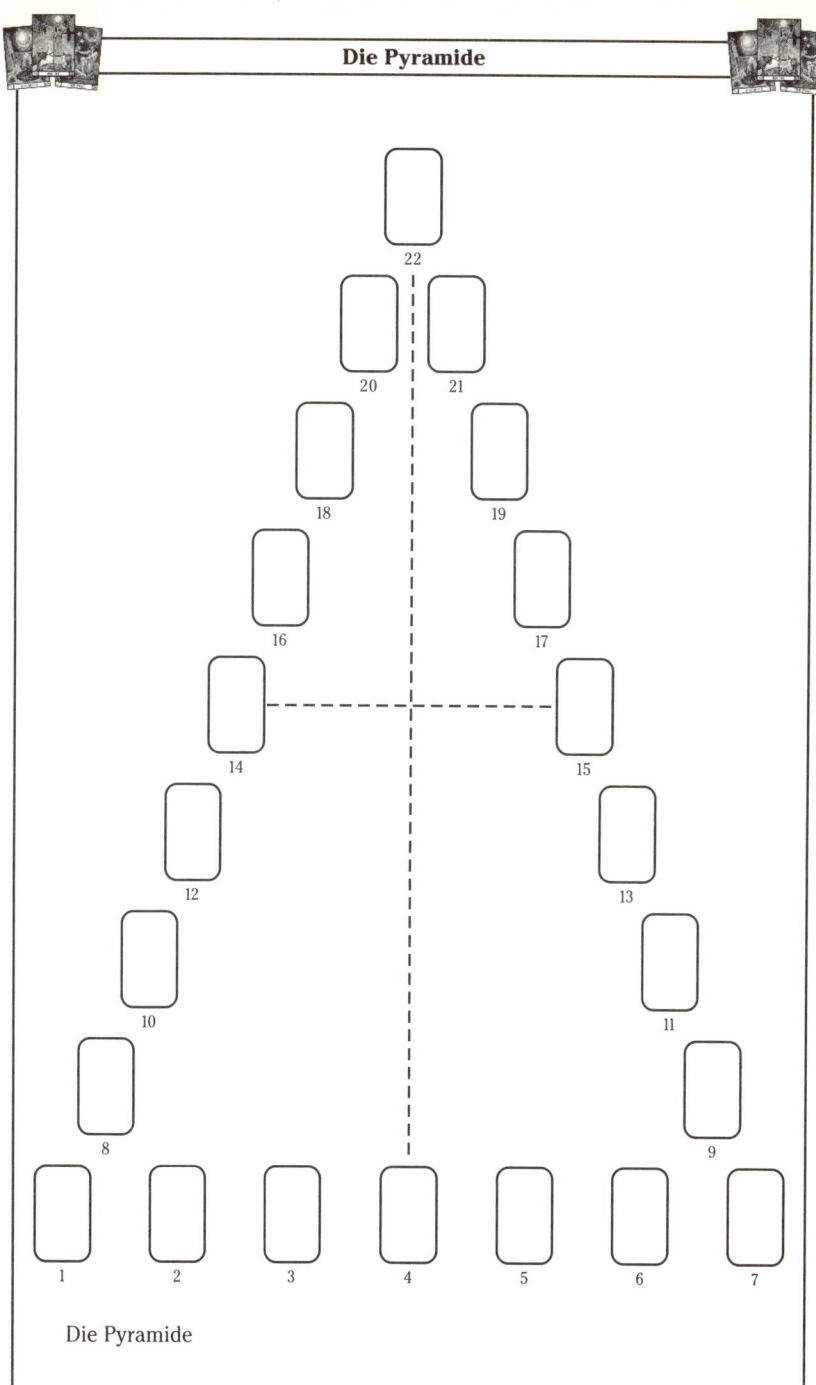

Die Pyramide

Die Pyramide

Die Pyramide stellt die psychologische Legeart vor. Nach dem Betrachten legt der Ratsuchende die Karten offen zusammen, also mit den Bildern nach oben. Dann werden die Karten vom Ratsuchenden gemischt und ausgelegt. Er beginnt unten auf der linken Seite. Sieben Karten werden nun von links nach rechts waagerecht offen hingelegt, der Rest wird wie folgt ausgelegt: mit dem Rücken nach oben, so daß das Bild des jeweiligen Blattes nicht zu sehen ist. Die Karte 8 kommt über die Karte 1, aber leicht zur Mitte, also nach rechts versetzt. Die Karte 9 kommt über die Karte 7, aber leicht zur Mitte, also nach links versetzt. Immer eine Karte links zur Mitte hin und eine Karte rechts zur Mitte hin. So entstehen 7 Reihen zu je 2 Karten, die sich oben dann fast treffen.

Wir haben bis jetzt also gelegt: 7 Karten als Basis der Pyramide und je 7 Karten links und rechts als aufsteigenden Rand. Dabei müssen diese Karten immer in der Reihenfolge angeordnet werden, wie es die Numerierung angibt. Also sind 21 Karten ausgelegt. Bleibt eine übrig. Und diese kommt oben in die Mitte über die Karten 20 und 21. Sie stellt die Krone dar, den Abschluß, und sie sollte über der Karte 4 der Basisreihe liegen, denn die (gedachte) Verbindung von Karte 4 zu Karte 22 markiert unsere Mitte. Damit ist gesagt, welche Karten in der Pyramidenlegeart die wichtigsten sind: die eben erwähnten Karten 4 und 22, gleich Basis und Ziel.

Wir betrachten die offen ausgelegte Basisreihe der ersten 7 Karten. Aber hier gehen wir nicht vom Anfang der Reihe aus, sondern von der Mitte, also der vierten Karte. Die Karten rechts von der vierten (also 5 – 6 – 7) stellen die bewußte Basis dar, die Karten links davon (also 3 – 2 – 1) die unbewußte Basis. Ist sie gedeutet, gehen wir Reihe für Reihe nach oben. Wir decken in der zweiten Reihe links die Karte 8 auf, die uns sagt, was wir unbewußt denken und fühlen. Dann analysiert sich der Ratsuchende mit Hilfe des Kartenlegers selbst, um schließlich seine Zielkarte 22 zu verstehen. Als letztes deuten wir die Karte 4 in der Ergänzung oder im Gegensatz zu Karte 22. Damit wissen wir um die Ausgangslage der jeweiligen Situation und den Zielwunsch, beziehungsweise das zu erreichende Ziel. Karte 14 und 15 sind die wichtigsten Karten der Seiten; sie bilden mit 4 und 22 das Kreuz der Pyramide, das die grundsätzliche Aufgabe anzeigt.

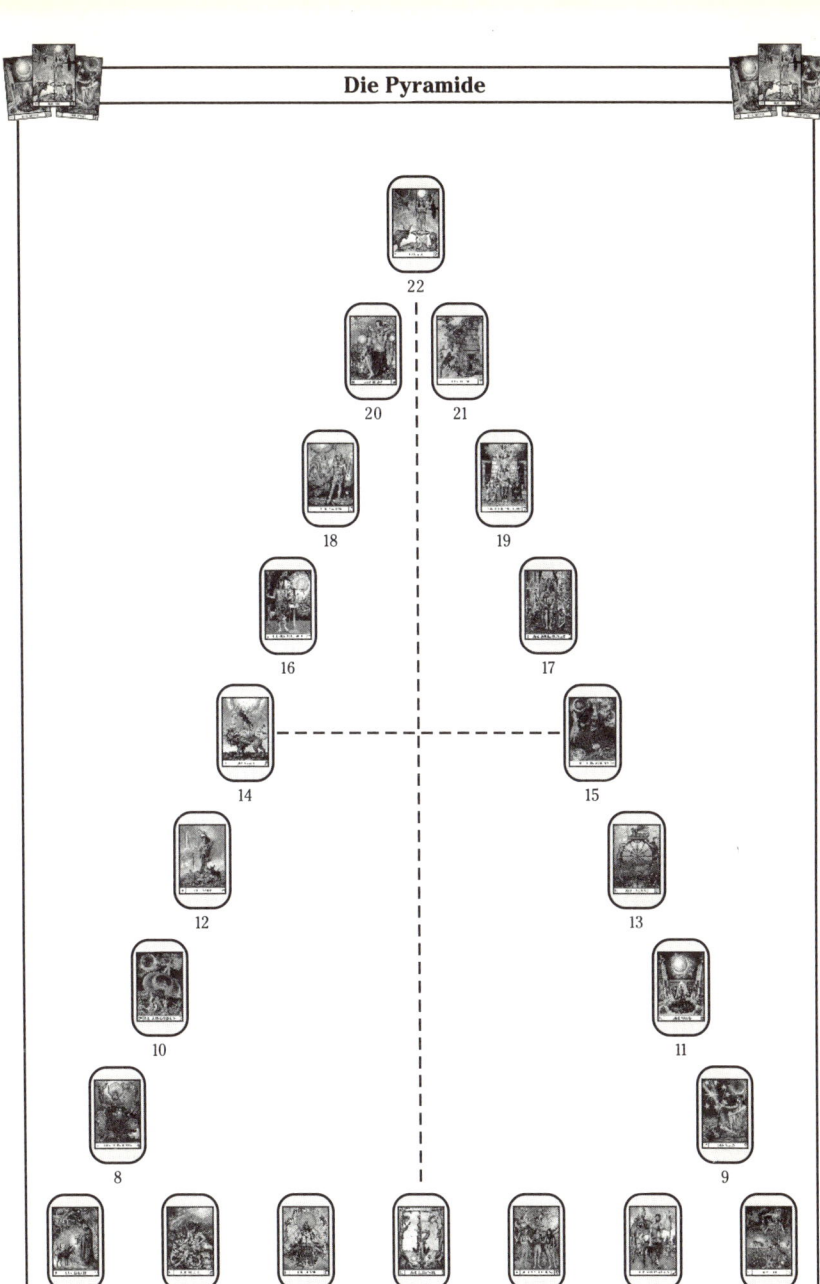

(Abschied vom Leben und von der Liebe?)

Abschied vom Leben und von der Liebe?

Frau Sieglinde F. war 60 Jahre alt geworden. Sie war Künstlerin, malte und bildhauerte und hatte viel Erfolg. Noch in diesem Alter sah man ihr an, wie schön sie einst gewesen sein mußte, sie war immer noch attraktiv, und keiner würde ihr die 60 Jahre eines temperamentvollen Lebens angesehen haben.

Sieglinde F. war dreimal verheiratet, und es waren immer recht bedeutende Männer, die sie erwählt hatten. Die letzte Ehe hatte 15 Jahre gedauert, der Mann war 18 Jahre jünger als sie, und sie hatte ihn gefördert, so daß er als Schauspieler angesehen, ja erfolgreich war. Nun hatte er eine Freundin gefunden, die jünger war als sie, und trennte sich von seiner Frau, ohne sich scheiden zu lassen, um dem „dummen" Gerichtsverfahren aus dem Weg zu gehen, wie er sagte. Er ließ seine Ehefrau zwar in seinem Haus wohnen, verlangte aber eine hohe Miete, sonst – so drohte er – würde er das Haus verkaufen. Damit war Sieglinde F. in eine vertrackte Situation geraten, wurde zudem immer einsamer, weil die gemeinsamen Freunde sich immer mehr von ihr lossagten. Sie konnte allerdings keine Schuld bei sich entdecken, schwor deshalb ihrem Ehemann stets Rache und versuchte ihn zu schädigen, wo sie nur konnte. Zum Beispiel, indem sie ihn als Mann lächerlich machte und die bösesten Reden über ihn verbreitete.

Auf einer Party lernte sie eine Kartenlegerin kennen, die ihr anbot, ihr zu helfen. So kam es zur Pyramidenlegeart. Sieglinde F. mischte und legte die Karten nach den gegebenen Anweisungen aus.

Betrachten wir zunächst die vierte Karte der unteren Basisreihe der Pyramide. Es ist „Der Gehängte". Für Sieglinde hatte sich die ganze Welt auf den Kopf gestellt und verändert – nicht sie selbst! Daneben lag als Blatt 3 „Die Sonne" nach links zum Unbewußten hin und als Blatt 5 die Karte der „Entscheidung". Das heißt, im Unbewußten lebt noch sehr stark die Erinnerung an die schöne, lange gemeinsame Zeit, während im Bewußtsein die Frage im Vordergrund steht, wie sie sich entscheiden soll. Karte 2 ist „Der Teufel", der signalisiert, daß im Unterbewußten doch auch ein böser Trieb sitzt, der, wie sie zugab, stets an Rache dachte. Im Bewußtsein finden wir entsprechend als Karte 6 den „Siegeswagen", das heißt, Sieglinde F. gab sich noch immer überlegen und als Siegerin aus, sie versuchte (vor sich

selbst) Haltung und Stolz zu bewahren und verkündete der gesamten Umwelt: „Mein Jürgen kommt zu mir zurück." Das Unterbewußtsein dagegen scheint schon zu ahnen, wie es Blatt 1 anzeigt, wo wir den „Eremiten" finden, daß eine Zeit der Einsamkeit auf Sieglinde zukommen könnte.

Beim Betrachten des Blattes 7 (Karte „Der Tod") meint sie, das könnte heißen: Ach, der ist doch für mich gestorben! – was sie sich oft wünscht. Ihr wird klar, daß wohl etwas zu Ende geht.

Die Basis sieht also insgesamt sehr widersprüchlich aus. Es ist leicht erkennbar, daß sich diese Frau hin und her gerissen fühlt. Dies wirkt sich selbstverständlich auch auf ihr Handeln aus. Nun ist es wichtig, etwas tiefer in die Fragende hineinzuschauen. Dazu wird, wiederholen wir es ruhig noch einmal, erst jetzt die Karte 8 aufgedeckt. Wenn auch in unserer Abbildung alle Blätter gleich zu sehen sind, wird in der Praxis doch eine nach der anderen aufgedeckt und besprochen. Als achte Karte finden wir den „Herrscher". Hier sind zwei Deutungsmöglichkeiten vorhanden. Einmal, daß im tiefen Unterbewußtsein von Sieglinde F. noch ein Herrschaftsanspruch besteht, oder aber, daß das Unterbewußtsein Beherrschung für sich verlangt. Wahrscheinlicher ist das erste, der unbewußte Herrschaftsanspruch. Im Bewußten finden wir dem polar entgegengesetzt als Blatt 9 die Karte „Der Stern", die Liebe. Also liebt die Frau ihren Mann noch immer und leitet daraus den Herrscheranspruch ab, den sie stets hatte! Denn sie gesteht nun, daß sie immer die dominante Person in dieser Ehe war, und erschrickt vor dieser Aussage: „Sollte er deswegen...?" Nun wird Blatt 10 aufgedeckt; es ist die Karte der „Auferstehung". Im Unterbewußtsein ist also ein starker Hingebungsdrang vorhanden. Vielleicht aber auch schon das Wissen, neu anfangen zu müssen? Polar dazu finden wir als Blatt 11 die Karte „Der Mond". Also doch das Wissen um einen neuen Aufbruch zu einem weiten Weg. Als das Wort kaum ausgesprochen war, kam die Frage: „Woher wissen Sie denn, daß ich mir das Leben nehmen will?" Die Kartenlegerin wußte dies nicht, sie schwieg, denn nun merkte sie, wie die Karten Sieglinde F. zum Sprechen brachten.

Als Karte 12 im Unterbewußten finden wir nun das Blatt des „Narren". Also eine Sehnsucht nach Befreiung, die noch nicht weiter erklärt werden kann. Ergänzend dazu liegt als Blatt 13 die Karte „Fortune". Im Bewußtsein weiß Sieglinde demnach um ihren schwe-

ren Weg, es wird ihr jetzt vielleicht schon klar, daß dies aber nicht ihrer gesamten Einstellung entspricht, weil sie ja im Unterbewußtsein doch den Wunsch nach Freiheit hegt. Darauf angesprochen, meint sie: „Vor einem Jahr wollte ich Schluß machen, hätte ich es nur getan." Es schält sich also heraus, daß hier auch verletzter Stolz eine große Rolle spielt.

Die polare Karte des Bewußtseins: Blatt 15, „Die Herrscherin", bestätigt, daß sie wirklich die Dominierende und Fördernde ist, wobei dies nicht zu negativ ausgelegt werden sollte. Aber Sieglinde F. zeigt sich schon erschüttert, daß sie die Führung in dieser Bindung verloren hatte, was sie nun auch ihrem Alter zuschrieb, obwohl das Unbewußte ihr immer wieder zuflötete: „Du bist kraftvoll, reizvoll, den Mann (die Männer?) beherrschst du noch immer" (Karte „Die Kraft").

Als Blatt 16 finden wir dann die Karte der „Gerechtigkeit". Im Unbewußten also rumort es in Sieglinde F. doch. Das Unterbewußtsein mahnt sie wohl, im bewußten Leben nicht zu sehr als „Herrscherin" aufzutreten, vielleicht auch die Schuld ein wenig bei sich selbst zu suchen. Denn diese Karte zeigt ja deutlich, daß hier das Herz gewogen wird und daß Sieglinde F. in sich gehen muß. Das könnte durch die polare Karte der bewußten Reihe, durch das Blatt 17, ein Echo finden. Aber zunächst scheint diese Karte anzuzeigen, daß Sieglinde F. die Prüferin ist. Und sie meint auch, sie beurteile alle Freunde und Bekannten danach, wie sie sich verhalten, ob sie zu ihr stünden oder zu ihrem Mann. Sie hasse Opportunismus! Dies spricht sie alles sehr erregt, und die Kartenlegerin spürt, wie Sieglinde F. innerlich aufgebracht ist („Der Hohepriester").

Nach einer Pause sagt sie leise: „Ich muß sicher auch einige Fehler bei mir suchen, aber er hat mich sitzenlassen!" Wörtlich „sitzenlassen", so wie junge Mädchen reagieren. Erfahrenere Frauen sprechen wohl eher von „verlassen". Das Blatt 18 wird aufgedeckt. Es ist „Der Magier". Fast befreiend! Denn diese Karte signalisiert ja deutlich, daß im Unterbewußtsein, in der Seele der Glaube an die eigene Kraft verankert ist. Da die dazu entsprechende Karte 19 die „Hohepriesterin" ist, wird Sieglinde F. eigentlich damit aufgefordert, in sich zu hören. Das Bewußtsein hat dies als notwendig erkannt.

Kommen wir zum letzten Paar der Pyramide. Da liegt als Karte 20 „Das Maß." Ein deutlicheres Signal, nicht übers Ziel zu schießen, gibt

es gar nicht! Nun, wie reagiert Sieglinde darauf vom Bewußtsein her? Schlagen wir die vorletzte Karte, Nummer 21, auf. Es ist „Der Turm". Im Bewußtsein revoltiert es also doch! Sie weiß, daß sie zerstört ist (oder bildet es sich ein), und ist entschlossen, Zerstörung mit Zerstörung zu vergelten. Zahn um Zahn, das scheint ihre Devise zu sein, was sie auch sofort bejaht. Aber, so fügt sie hinzu, wenn er nicht zurückkommt, dann werde ich mich eben völlig von ihm verabschieden müssen, womit sie auf ihre Selbstmordgedanken anspielt, die sie doch offensichtlich ernsthaft bewegen.

Es beginnt die zweite Phase des Spiels.

Sieglinde F. wurde auf die linke, die unterbewußte Seite der Pyramide aufmerksam gemacht, und auf die rechte, bewußte Seite. Im Unterbewußtsein scheint schon viel mehr Einsicht, Beherrschung und Zutrauen zur eigenen Kraft vorhanden zu sein, als bis jetzt ins Bewußtsein von Sieglinde F. gedrungen ist. Die Liebe, die gerne alles einstürzen läßt (auch die guten Erinnerungen), wurde hier mit Macht hochstilisiert (Spannung zwischen „Turm" rechts oben und „Stern" rechts unten). Vielleicht auch die Einsicht, daß es ja auch ein Glück war, so lange mit einem so viel Jüngeren gut verbunden gewesen zu sein, wenn auch alles irgendwie bezahlt werden muß. Dann wurde das 22. und letzte Blatt aufgedeckt: die Karte des „Alls". Die Zielkarte zeigt an, daß Sieglinde F. nun von sich aus ihre Ordnung erringen muß.

Betrachten wir das Pyramidenkreuz . Es besteht aus der senkrechten Achse „Gehängter" zum „All" und der waagerechten Linie „Kraft" und „Herrscherin". Die Horizontale gibt Mut, aus starker unbewußter Kraft wieder das bewußte Leben in den Griff zu bekommen. Die Senkrechte vom „Gehängten" zum „All" weist Sieglinde darauf hin, daß sie aus ihrer jetzigen Einstellung zu ihrer Umwelt wieder zu einer für sie guten Einordnung kommen muß und daß diese Kräfte auch in ihr intakt sind. So schwer es ihr auch zunächst fallen mag: Sie besitzt durchaus die Fähigkeit, nicht in den Abgrund zu fallen, sondern ihre Lebenskrise würdig durchzustehen. Am Ende dürfte ihr erneuter Erfolg sicher sein.

Kombinationsanregungen

Aus den bisherigen Legebeispielen ist sicher deutlich geworden, wie sehr es beim Kartenlegen auf die Kombination ankommt. Sie muß erarbeitet werden, das heißt in der Praxis, die zukünftigen Kartenleger müssen üben!

Man wähle sich willkürlich neun aus den 22 zugedeckten Karten der großen Arcanen heraus. Diese lege man dann offen in je drei Reihen zu je drei Karten aus, wie im Beispiel auf der Nebenseite dargestellt. Jetzt wird angenommen, die mittlere Reihe stelle die gegenwärtige Lage des Ratsuchenden dar. Was kann kombiniert werden? In der Mitte finden wir die Karte „Die Sonne". Das heißt, der Ratsuchende befindet sich in einer guten Zweisamkeit. Aber diese Karte wird ja umrahmt von den Karten „Das Maß" und „Der Tod". Nehmen wir an, die linke Karte würde das unbewußte Denken ausdrücken, die rechte Karte das bewußte. Dann würden wir sagen: Unbewußt meint die/der Ratsuchende, daß mit der Gemeinsamkeit alles im Lot ist, aber im bewußten Denken hat er/sie Angst, daß etwas zu Ende gehen könnte, hat also Ängste, die aber vom Unbewußten nicht wahrgenommen werden, mehr gedanklicher Natur sind und nicht sehr tiefgreifend sein dürften.

Wenn wir jetzt aber einmal annehmen, die rechte Karte – „Der Tod" – symbolisiert das Unbewußte, die linke Karte – „Das Maß" – stände dagegen für das Bewußte, dann sähe die Kombination völlig anders aus! Sie würde besagen: Es ist alles mit der Zweisamkeit im Lot, Gefahren sind nicht zu sehen. Aber im Unbewußten haben sich bereits Zweifel eingenistet, daß diese Bindung zu Ende gehen könnte. Nun wäre aus dieser Lage zu schließen: Der Ratsuchende quält sich insgeheim, schläft unruhig, hat Alpträume – alles Vorgänge, die er sich nicht erklären kann, da ja im Bewußtsein im Leben alles glatt abzulaufen scheint. Im ersteren Fall wäre die Aussage dagegen ganz anders. Hier würden wir sagen: Obwohl die/ der Ratsuchende voller pessimistischer Zukunftsgedanken ist, zeigt sich sein Unbewußtes völlig im Gleichgewicht. Die Lage präsentiert sich also als weniger gefährdet als die vorher beschriebene.

Nehmen wir nun einmal an, die untere Reihe sagt aus, was der Ratsuchende verdrängt. Hier kämen wir schnell zu dem Schluß: das Seelische („Die Hohepriesterin"), eine Selbstprüfung („Der Hohe-

priester"), und die Selbstzweifel sowie alle anfallenden „Entscheidungen". Ein anderes Urteil wird nicht angenommen.
Stellen wir uns nun vor, die Ratsuchenden wollen aus ihrem Kopf
verdrängen, was in der obersten Reihe angezeigt ist, dann bedeu-
tete dies: Verdrängt werden soll der Gedanke an Einsamkeit, an ein
In-sich-Gehen („Der Eremit"), aber auch an ein zu erwartendes
Urteil über eigene Handlungen, und daß über Nacht alles anders
aussehen könnte („Gerechtigkeit" und „Gehängte")!
Üben wir nun anders: Was unten liegt, soll die Vergangenheit widerspiegeln. Das würde etwa auf eine sehr religiöse Erziehung hinweisen („Hohepriesterin" und „Hohepriester"), die aber starke Selbstzweifel hinterlassen hat („Entscheidung").
Entscheiden wir uns jetzt dafür, daß die untere Reihe für die Zukunft
steht (das müßte aber immer vor der Auslegung geschehen!). Dies
würde besagen: Aus vielen Zweifeln heraus wird der Ratsuchende
sich für eine glaubensmäßige Hinwendung an eine Religion oder
an eine Gemeinschaft entscheiden, um von sich loszukommen.

Die obere Reihe zunächst als Vergangenheitsaussage betrachtet: Einsamkeit in der Vergangenheit („Der Eremit"). Aber stete Abwägung aller Möglichkeiten („Die Gerechtigkeit") und völlig andere (lebensfremde?) Grundauffassung („Der Gehängte"). Jetzt betrachten wir die Reihe als Zukunftssymbolik: In Zukunft wird der Ratsuchende seinen Weg wohl allein gehen, für sich gültige Entscheidungen finden, auch wenn dies dazu führt, daß er die Welt nun völlig neu ansehen wird. Wichtig ist es, den Sinngehalt der Tarotblätter zu erfassen! Immer wieder die Beschreibungen lesen! Die Bilder sprechen lassen! Je moderner die Spiele, desto stärker sind die Bildelemente, die psychologisch ausgerichtet sind. Die Karten haben sicherlich an Wert gewonnen, weil sich die psychologische Entwicklung als Allgemeingut ausgebreitet hat, was sich auch die Künstler und Maler zunutze machten. Die modernen Legespiele sind – im Gegensatz zu den später beschriebenen Legearten – stets mit psychologischen Tests verbunden, was auch einer Schulung in dieser Fachrichtung förderlich wäre. Doch kommen wir zu neuen Kombinationen, die jedermann sich allein aussuchen kann.

Legen wir sieben Karten in Form unseres Orakelspiels. Nun übe man – bei den selben Karten und auch der selben Reihenfolge –, verschiedene Fragen zu beantworten. Beispielsweise in Sachen Liebe. Die Frage: „Ich liebe meinen Mann nicht mehr, bin aber noch keine neue Bindung eingegangen, ja ich weiß nicht einmal, ob ich überhaupt noch einen anderen Mann finden werde. Soll ich bei meinem Mann bleiben?" Als Ausgangskarte wäre hier die Karte „Fortune" gewählt worden, also das Symbol für die Entscheidungskämpfe dieser erdachten Frau. Erläutert würde dies durch die Ordnung und Sicherheit, die diese Frau in der Bindung mit ihrem Mann hat („Das All"), weswegen sie sich ja auch noch überlegt, ob sie sich trennen soll. Schauen wir uns die Karte der Vergangenheit an: Hier finden wir das Glück mit dem Mann in Form des „Magiers".

Die Gegenwart zeigt, daß die Frau von heftigen Wünschen angetrieben wird, während sie in der Zukunft einen recht langen Weg gehen müßte (Karten „Der Teufel" und „Der Mond"). Damit kommen wir zu den Orakelkarten. Wird als erste die „Turm"-Karte genommen, heißt dies eindeutig, daß sicher das Vergangene und Gegenwärtige zerstört wird, daß es tatsächlich wie ein Blitz einschlägt. Nehmen

wir nun die zweite Orakelkarte auf, dann hieße dies, danach beginnt etwas Neues, eine „Auferstehung". Völlig anders müßten wir jedoch kombinieren, wenn „Die Auferstehung" als erste Karte aufgenommen würde. Hier hieße dies, daß die Frau mit Hingabe an eine neue Aufgabe herangehen sollte. Aber die zweite Karte („Turm") würde anzeigen, daß der Turm schnell platzt.

Ein anderes Beispiel bei den gleichen Orakelkarten: Ein Prozeß ist verloren gegangen. Ein Mann überlegt, ob er, weil er sich im Recht fühlt, in die Berufung gehen sollte. Die Karte „Fortune" zeigt an, wie sehr ihn diese Frage beschäftigt, zumal – das zeigt die Erläuterung, die Karte „Das All" – es hier um seine innere und äußere Ordnung oder ums Eingebundensein geht. Vor dem Prozeß hat er sich bereits als Sieger gefühlt, dies sagt die Karte „Der Magier" als Vergangenheitssymbol aus. Deswegen schoß er während des Prozesses übers Ziel hinaus („Teufel"). Er trat zu sicher, zu aufmüpfig vor Gericht, so daß er verurteilt wurde. Die Zukunftskarte aber zeigt ihm, daß er (so oder so) noch ziemlich lange an der Sache knabbern muß („Der Mond").

Es kommt also auf die beiden Orakelkarten an. Nimmt er als erste die „Turm"-Karte auf, dann heißt dies, unbedingt in die Berufung gehen, denn der Blitz zeigt ja, daß das jetzige Gebäude eingestürzt werden muß. Würde er als erste Karte aber „Die Auferstehung" ergriffen haben, dann müßte der Kartenleger eher dazu raten, alles laufen zu lassen, wie es ist. Der Mann muß sich dieser Situation anpassen, dies als Aufgabe sehen, muß also aus der Verurteilung das Beste machen, was möglich ist. Die zweite Karte, „Der Turm", würde nämlich dann auch zeigen, daß alles andere eher verheerend wäre.

Zurück zu dem Fall, bei dem die „Turm"-Karte als erste gewählt wurde, was zur Berufung führte. Hier sollte der Ratsuchende die zweite Karte lieber nicht aufnehmen. Wenn aber ja, dann zeigt diese Karte, daß danach jedes Urteil des „(Jüngsten) Gerichts" nun akzeptiert werden muß.

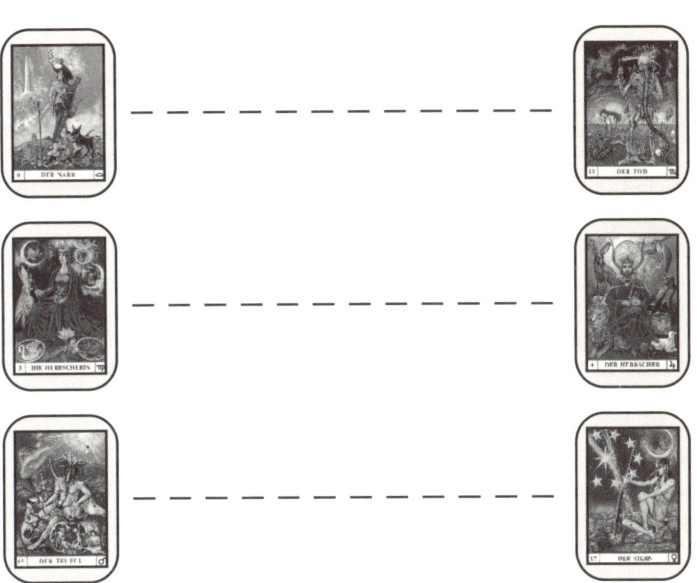

Eine weitere gute und einfache Kombinationsübung ist, sich zwei gegensätzliche Karten mit einem Abstand zu betrachten.

Legen wir etwa die Karte „Der Narr" einmal links und den „Tod" rechts, aber lassen wir einen Zwischenraum. Hier haben wir die Symbole der Sehnsucht nach unbefangener Freiheit, jedoch im Gegensatz zum Symbol irgendeines Endes. Beide Karten gemeinsam betrachtet sagen aus, daß die Freiheit zu Ende geht, daß Unbeschwertheit nun vorbei ist, daß Menschen sich auf einen Einschnitt, vielleicht einen Verlust einzustellen haben. Wird also irgendeine Frage gestellt und fallen diese beiden Karten (etwa im Orakelspiel), dann sind diese Gegensätze zu kombinieren.

Besonders hilfreich ist es zu überlegen: Welche Karte könnte zwischen „Narr" und „Tod" stehen? Da kann nun der Übende selbst einige Karten auswählen. Etwa die Karte „Fortune" oder den „Magier". Auch die Karte „Die Entscheidung" wäre hier gut, weil sie einen Hinweis gibt, daß nun eine Wahl getroffen, ein Entschluß gefaßt werden muß.

Nehmen wir eine andere Gegensätzlichkeit, die scheinbar ähnliche Bilder zeigt. Die Karte „Die Herrscherin", mag links liegen, „Der Herrscher", rechts. Zunächst scheint es, als würden sich die beiden sehr gut ergänzen. Handelt es sich aber um Partneraussagen, dann ist hier ein Kampf um die Führung zu sehen. Wir überlegen uns, wie dieser Kampf gemildert werden könnte. Was wäre beiden jeweils als mittlere Karte anzubieten? Ganz anders wird nämlich diese Aussage, wenn wir hier die Karte „Die Sonne", in die Lücke zwischen Herrscherin und Herrscher legen, was die ganze Aussage entspannt. Oder wir nehmen den „Stern" dazwischen! Dann wird klar, daß sich zwei gleich starke Menschen lieben. Läge der „Teufel" dazwischen, dann gäbe es Mord und Totschlag, wie der Volksmund sagt. Oder die Verbindung wird durch Trieb und Sexualität gehalten oder in Unruhe versetzt.

Ein anderes gegensätzliches Kartenpaar: links die Karte „Der Teufel", und rechts legen wir die Karte „Der Stern". Leidenschaft gegenüber Ruhe finden wir hier, was sich ja recht gut ergänzen könnte, aber dazu bedürfte es doch einer Art Vermittlung, eines Überganges. Wählen wir als Zwischenkarte etwa die Karte „Das Maß", dann sieht das gesamte Bild ausgewogener aus. Verheerender würde jedoch die Aussage sein, wenn zwischen „Teufel" und „Stern" der „Turm" zu liegen käme. Wiederum anders erschiene uns der Eindruck, fänden wir hier den „Gehängten". „Der Teufel" stellt sich auf den Kopf – was dem „Stern" sicher sehr angenehm erscheinen könnte!

Es zeigt sich, daß die Möglichkeiten, für sich zu üben, äußerst zahlreich sind.

Literaturhinweise

Wenzell Brown
Die Wahrheit aus den Karten
Edition Sven Erik Bergh, Unterägeri 1983

Elisabeth Haich
Tarot
Drei Eichen Verlag, München 1971

Rhea Koch
Selbst Wahrsagen mit Karten
Falken-Verlag, Niedernhausen 1977

Hans-Dieter Leuenberger
Schule des Tarot – Das Rad des Lebens
Bauer-Verlag, Freiburg 1981

Bernd A. Mertz
Der Ägyptische Tarot
Bauer-Verlag, Freiburg 1987

Bernd A. Mertz
Astrologie und Tarot
Ansata-Verlag, Interlaken 1981

Sallie Nichols
Die Psychologie des Tarot
Ansata-Verlag, Interlaken 1984

Edwin J. Nigg
Wahrsagen mit Tarot-Karten
Falken-Verlag, Niedernhausen 1979

Dio Raman
Der praktische Tarot
Bauer-Verlag, Freiburg 1978

UNSER TIP

Wahrsagen
mit den Karten der Madame Lenormand
(**1328**) Von B. A. Mertz, 112 S.,
43 Abbildungen, kartoniert.
DM 12,90, öS 99,–, SFr 13,90

Selbst Wahrsagen mit Karten
(**0404**) Von R. Koch, 80 S.,
252 Abbildungen, kartoniert.
DM 9,90, öS 79,–, SFr 10,90

Alles übers **Horoskop**
Charakter, Verhaltensweisen,
Lebenstendenzen
(**0655**) Von B. A. Mertz, 128 S.,
kartoniert.
DM 9,90, öS 79,–, SFr 10,90

So deutet man Träume
Die Bildersprache des Unbewußten
(**0444**) Von G. Haddenbach, 120 S.,
kartoniert.
DM 9,80, öS 79,–, SFr 9,80

Die 12 Tierzeichen
Chinesisches Horoskop
(**0423**) Von G. Haddenbach, 88 S.,
kartoniert.
DM 9,90, öS 79,–, SFr 10,90

Die 12 Sternzeichen
Charakter, Liebe und Schicksal
(**0385**) Von G. Haddenbach, 136 S.,
kartoniert.
DM 9,90, öS 79,–, SFr 10,90

Der Spezialist für nützliche Bücher

Falls durch besondere Umstände Preisänderungen notwendig werden, erfolgt Auftragserledigung zu dem bei der Lieferung gültigen Preis.

NÜTZLICHE RATGEBER

EINE AUSWAHL

Stand: Frühjahr 1994

Hobby und Freizeit

Falken-Handbuch
Zeichnen und Malen
(**4167**-5) Von B. Bagnall, 336 S., 1154 Farbzeichnungen, Pappband. ●●●●●

Kreativ Zeichnen
(**4688**-X) Von B. Bagnall, 176 S., zahlr. Farbabb., Pappband. ●●●●

Punkt, Punkt, Komma, Strich
Zeichnen leicht gemacht
(**4721**-5) Von H. Witzig, 144 S., 512 s/w-Zeichnungen, Pappband. ●●

Punkt, Punkt, Komma, Strich
Zeichenstunde für Kinder
(**0564**-4) Von H. Witzig, 144 S., über 250 Zeichnungen, kart. ●

Einmal grad und einmal krumm
Zeichenstunde für Kinder
(**0599**-7) Von H. Witzig, 144 S., 363 Abb., kartoniert. ●

Figürliches Zeichnen
leicht gemacht
(**1010**-9) Von H. Witzig, 112 S., 462 Figuren, kartoniert. ●

Airbrush
Kreatives Gestalten mit dem Luftpinsel
(**1133**-4) Von C. M. Mette, 80 S., 145 Farbfotos, 40 Farbzeichnungen, kartoniert. ●●

Kalligraphie
Die Kunst des schönen Schreibens
(**4263**-9) Von C. Hartmann, 120 S., 44 Farbvorlagen, 29 s/w-Vorlagen, 2 s/w-Zeichnungen, 38 Farbfotos, Pappband. ●●●●

Gestalten mit Schrift
Kalligraphie
(**1044**-3) Von I. Schade, 80 S., 2 Farb- und 1 s/w-Foto, 143 Farbzeichnungen, kart. ●●

Hobby Aquarellmalen
Landschaft und Stilleben
(**0876**-7) Von I. Schade, A. Brück, 80 S., 111 Farbabb., kart. ●●

Technik · Gestaltung · Ausdruck
Aquarellmalerei
Von der Realität zum Bild
(**4529**-8) Von Prof. W. Wrisch, 136 Seiten, 172 farb. Abbildungen, 5 s/w-Abbildungen, 46 Zeichnungen, Pappband. ●●●●

Hobby Ölmalerei
Landschaft und Stilleben
(**0875**-9) Von H. Kämper, I. Becker, 80 S., 93 Farbabb., kart. ●●

FALKEN
Lexikon der Seidenmalerei
Mit großer Farbmischtabelle
(**4737**-1) Von K. Huber, 208 S., 192 Farbfotos, Pappband. ●●●●

Seidenmalerei in Vollendung
(**4414**-4) Hrsg. von R. Smend, 160 S., 227 Farbfotos, 36 s/w-Fotos, geprägter Leineneinband mit Schutzumschlag, im Schuber. ●●●●●

Seidenmalerei
Westen · Blusen · Hosen
(**1455**-4) Von C. Köhl, ca. 64 Seiten, durchgehend vierfarbig, zahlreiche Abbildungen, mit Vorlagebogen, kartoniert. ●●

Seidenmalerei und Modedesign
Modelle · Techniken · Schnittmuster
(**4476**-3) Von B. Hansen, 176 S., 140 Farbf.93 Farb-, 68 s/w-Zeichn., Pappband. ●●●●

Seidenmalerei Exklusive Tücher
(**1303**-5) Von E. Schwinge, 80 S., 79 Farbfotos, 6 Zeichnungen, kart. ●●

Kreative Seidenmalerei
Motive · Muster · Farbenspiel
(**4720**-7) Von M. Neubacher-Fesser, ca. 136 S., zahlr. Farbabb., Pappband. ●●●●

Seidenmalerei
Muster über Muster
20 Künstlerinnen präsentieren 120 Ideen
(**4744**-4) 128 S., 188 Farbabbildungen, Pappband. ●●●●

Seidenmalerei
Die wichtigsten Techniken Schritt für Schritt
(**1357**-4) Von B. Hansen, 64 S., 97 Farbfotos, kartoniert. ●

Seidenmalerei als Kunst und Hobby
(**4264**-7) Von S. Hahn, 136 S., 256 Farbfotos, 1 s/w-Foto, Pappband. ●●●●

Neue zauberhafte Seidenmalerei
Motive und Anregungen aus der Natur
(**0924**-0) Von R. Henge, 80 S., 148 Farbfotos, 27 s/w-Zeichnungen, kart. ●●

Krawatten, Tücher und Fliegen individuell gestalten
Seidenmalerei
(**1242**-X) Von A. Reichmann, 64 S., durchgehend vierfarbig, kart. ●●

Aquarellieren auf Seide
Materialien · Techniken · Motive
(**0917**-8) Von I. Demharter, 32 S., 41 Farbfotos, Pappband. ●

Airbrush auf Seide
(**1342**-6) Von I. Demharter, 64 S., zahlreiche Farbabbildungen, kart. ●●

Airbrush Seidenmalerei
Mit Vorlagen für Schablonen
(**1356**-6) Von C. M. Mette, 80 S., 129 Farbf., kartoniert. ●●●

Seidenmalerei Bäume und Blätter
(**5249**-9) Von D. Kosik, 32 S., 5 Farbfotos, 23 Farb- u. 13 s/w-Zeichungen, kart. ●

Seidenmalerei Landschaften
(**5153**-0) Von D. Kosik, 32 S., 50 Farbfotos, 12 Zeichnungen, mit Vorlagebogen in Originalgröße, kart. ●

Seidenmalerei Kissen
(**5151**-4) Von I. Demharter, 32 S., 42 Farbfotos, 2 Zeichnungen, mit Vorlagebogen in Originalgröße, kart. ●

Seidenmalerei Blusen und T-Shirts
(**5184**-0) Von A. Keller, 32 S., 28 Farbfotos, 12 Zeichnungen, mit Vorlagebogen in Originalgröße, kartoniert. ●

Seidenmalerei Tücher und Schals
(**5152**-2) Von R. Henge, 32 S., 36 Farbfotos, 1 Zeichnungen, mit Vorlagebogen in Originalgröße, kart. ●

Seidenmalerei Tiermotive
(**5204**-9) Von A. Keller, 32 S., 37 Farbfotos, mit Vorlagebogen in Originalgröße, kart. ●

Serti Designo
Seidenmalerei mit Kreidestiften
(**5208**-1) Von S. Tichy-Gibley, 32 S., 46 Farbfotos, mit Vorlagebogen in Originalgröße, kart. ●

Seidenmalerei Lampenschirme
(**5154**-9) Von I. Walter-Ammon, 32 S., 47 Farbfotos, 1 Zeichnung, mit Vorlagebogen in Originalgröße, kart. ●

Seidenmalerei Blüten, Blätter, Ranken
(**5165**-4) Von D. Kosik, 32 S., 35 Farbfotos, 4 Zeichnungen, mit Vorlagebogen in Originalgröße, kart. ●

Seidenmalerei Schmuckkarten und Miniaturbilder
(**5166**-2) Von I. Walter-Ammon, 32 S., 37 Farbfotos, 2 Zeichnungen, mit Vorlagebogen in Originalgröße, kart. ●

Akzente mit Perlen, Pailetten und Straß
Seidenmalerei
(**5248**-0) Von A. Keller, 32 S., ca. 50 Farbf., mit Vorlagebogen in Originalgröße, kart. ●

Seidenmalerei Bilder in Konturentechnik
(**5182**-4) Von I. Demharter, 32 S., 28 Farbfotos, 2 Zeichnungen, mit Vorlagebogen in Originalgröße, kart. ●

Seidenmalerei Applikationen
(**5224**-3) Von J. Bressau, 32 S., 50 Farbfotos, mit Vorlagebogen in Originalgröße, kart. ●

Apartes aus bemalter Seide
(**5274**-X) Von E. Möller, 48 Seiten, durchgehend vierfarbig, kartoniert. ●

Malen auf Seide
kinderleicht
(**5218**-9) Von R. Henge, 32 S., 11 Farbfotos, 44 Farbzeichn., Vorlagebogen, kartoniert. ●

Moderne Stoffmalerei
(**1358**-2) Von H. Sander, 64 S., 73 Farbf., 50 s/w-Zeichn., kart. ●●

Perfekt Stricken
Mit Sonderteil Häkeln.
(**4250**-7) Von H. Jaacks, 256 S., 703 Farbfotos, 169 Farb- und 121 s/w-Zeichnungen, Pappband. ●●●●

Das moderne Standardwerk
Nähen
(**4709**-6) Von S. von Rudzinski, 176 S., vierfarbig, Pappband. ●●●●

Stoffpuppen
nach alten Vorbildern
(**5281**-2) Von M. Meinesz, 48 S., durchgehend vierfarbig, mit Vorlagebogen, kart. ●

Heißgeliebte Teddys
Selbermachen · Sammeln · Restaurieren
(**0900**-3) Von H. Nadolny und Y. Thalheim, 80 Seiten, 118 Farbfotos, kartoniert. ●●●

Die hier vorgestellten Bücher, Videokassetten und Software sind in folgende Preisgruppen unterteilt:

● Preisgruppe bis DM 10,–/S 79,–/SFr 11,– ●●● Preisgruppe über DM 20,– bis DM 30,– ●●●● Preisgruppe über DM 30,– bis DM 50,–
●● Preisgruppe über DM 10,– bis DM 20,–   S 161,– bis S 240,–   S 241,– bis S 400,–
 S 80,– bis S 160,–   SFr 21,– bis SFr 30,–   SFr 30,– bis SFr 50,–
 SFr 10,– bis SFr 21,– ●●●●● Preisgruppe über DM 50,–/S 401,–/SFr 50,– * (unverbindliche Preisempfehlung)

Die Preise entsprechen dem Status beim Druck dieses Verzeichnisses (s. Seite 1) – Änderungen, im besonderen der Preise, vorbehalten –

Falken-Verlag GmbH · Postfach 1120 FALKEN **D-65521 Niedernhausen/Ts. · Tel.: 0 61 27 / 70 20**

1

Marionetten
selbst bauen und führen
(**1043**-5) Von D. Köhnen, 80 S., 150 Farbfotos, mit Schnittmusterbogen, kartoniert. ●●

Hampelmänner
Basteln mit Kindern ab 5 Jahren
(**5240**-5) Von F. Michalski, 32 S., ca. 50 Farb-abb., mit Vorlagebg. in Originalgröße, kart. ●

Künstlerpuppen
im 20. Jahrhundert
(**4719**-3) Hrsg. R. Höckh, 160 S., 192 Farb-fotos, 26 s/w-Fotos, Pappband. ●●●●●

Charakterpuppen
aus Cernit und Porzellan selbst gestalten
(**1156**-3) Von S. Becker, 64 S., 143 Farbfotos, 30 Zeichnungen, 13 Vignetten, mit Schnitt-musterbogen, kartoniert. ●●

Puppen zum Liebhaben
(**5199**-9) Von B. Wehrle, 32 S., 27 Farbfotos, 9 s/w-Zeichnungen, mit Vorlagebogen in Originalgröße, kartoniert. ●

Basteln mit Kindern
Moosgummi
(**5271**-5) Von A. und R. Schurr, 48 S., durch-gehend vierfarbig, mit Vorlagebogen, kart. ●

Neue zauberhafte Salzteig-Ideen
(**0719**-1) Von I. Kiskalt, 80 S., 324 Farbfotos, 12 Zeichnungen, Schablonen, kart. ●●

Salzteig kinderleicht
(**0973**-9) Von I. Kiskalt, 80 S., 224 Farbfotos, 8 Zeichnungen, kartoniert. ●●

Hobby Salzteig
(**0662**-4) Von I. Kiskalt, 80 S., 150 Farbfotos, 5 Zeichnungen und Schablonen, kart. ●●

Kreatives gestalten mit Ton
Töpfern ohne Scheibe – Aufbaukeramik
(**0896**-1) Von A. Riedinger, 80 S., 207 Farb-fotos, 16 Zeichnungen, 7 Vignetten, kart. ●●

Kreatives Gestalten mit Ton
Töpfern auf der Scheibe
(**0971**-2) Von A. Riedinger, 80 S., 28 Farb-und 3 s/w-Zeichnungen, 178 Farbf., kart. ●●

Kneten und Modellieren
kinderleicht
(**5217**-0) Von V. Ettelt, 32 S., 12 Farbtafeln, 72 Farbzeichnungen, Vorlagebogen, kart. ●●

Hobby Glaskunst in Tiffany-Technik
(**0781**-7) Von N. Köppel, 80 S., 194 Farbfotos, 6 s/w-Abbildungen, kartoniert. ●●

Tiffany-Technik
und andere kunstvolle Arbeiten in Glas
(**0972**-0) Von D. Köhnen, 80 S., 176 Farb-fotos, 5 s/w-Zeichnungen, kartoniert. ●●

Ikebana
Grundstile und Variationen
(**4749**-5) Von E. Schwalm, 112 Seiten, ca. 165 Farbfotos, 43 Grafiken, 2 Tabellen, gebunden. ●●●●

Dekorieren und Gestalten mit Naturmaterialien
rund ums Jahr
(**4748**-7) Von E. Dommershausen u.a., 128 S., ca. 200 Farbf. und -zeichnungen, geb. ●●●

Masken
phantasievoll dekorieren
(**5155**-7) Von Chr. Familler, 32 S., 48 Farbf., mit Vorlagebg. in Originalgröße, kart. ●

Laubsägearbeiten für das Kinderzimmer
(**5245**-6) Von H.-P. Krafft, 32 S., ca. 50 Farbf., mit Vorlagebg. in Originalgröße, kart. ●

Schwingtiere aus Holz gestalten
(**5222**-7) Von der Arbeitsgem. Werken, 32 S., 50 Farbfotos, mit Vorlagebogen in Original-größe, kartoniert. ●

FALKEN Video
Drachen
bauen und fliegen
(**6141**-2) VHS, ca. 45 Min., in Farbe, mit Broschüre. ●●●●*

Drachen
bauen und steigen lassen.
(**0767**-1) Von W. Schimmelpfennig, 80 Seiten, 1 dreiseitige Ausklapptafel, 55 Farbfotos, 139 Zeichnungen, kart. ●●●

Lenkdrachen
bauen und fliegen
(**1011**-7) Von W. Schimmelpfennig, 64 Seiten, 51 Farbf. und 126 Zeichnungen, kart. ●●

Neue Lenkdrachen und Einleiner
bauen und fliegen
(**1353**-1) Von W. Schimmelpfennig, 80 Seiten, 54 Farbf., 95 Farbzeichn., kart. ●●●

Drachen
Einfache Modelle für Kinder
(**5156**-5) Von W. Schimmelpfennig, 32 Seiten, 11 Farbfotos, 31 Zeichnungen, mit Vorlage-bogen, kartoniert. ●

Basteln mit Kleinkindern
ab 3 Jahren
(**4747**-9) Von W. Kottke und I. Hübers-Kemink, 128 Seiten, über 200 Farbabbil-dungen, mit Vorlagebogen, gebunden. ●●●

Das goldene Bastelbuch für Kinder
(**4769**-X) Von U. Barff (Hrsg.), 336 Seiten, durchg. vierf., mit 2 Vorlagebogen, geb. ●●●

Basteln mit Kindern
Dinos & Drachen
(**5279**-0) Von G. Reinscheid, 48 Seiten, durch-gehend vierfarbig, mit Vorlagebogen, kart. ●

Basteln mit Kindern
Fensterbilder Ritter und Burgen
(**5284**-7) Von D. Köhnen, 48 Seiten, durchge-hend vierfarbig, mit Vorlagebogen, kart. ●

Das große farbige
Bastelbuch für Kinder
(**4254**-X) Von U. Barff, I. Burkhardt, J. Maier, 224 S., 157 Farbf., 430 Farb- und 60 s/w-Zeichn., m. Schnittmusterb., Pappband. ●●●

Origami
Tiere aus aller Welt
(**5250**-2) Von J. Maier, 32 Seiten, 19 Farbfotos, 68 Farb- u. 16 s/w-Zeichnungen, kartoniert. ●

Hobby Origami
Papierfalten für groß und klein
(**0756**-6) Von Z. Aytüre-Scheele, 80 Seiten, 820 Farbfotos, kartoniert. ●●

Neue zauberhafte Origami-Ideen
Papierfalten für groß und klein
(**0805**-8) Von Z. Aytüre-Scheele, 80 Seiten, 720 Farbfotos, kartoniert. ●●

Zauberwelt Origami
Tierfiguren aus Papier
(**1045**-1) Von Z. Aytüre-Scheele, 80 Seiten, 660 Farbfotos, kartoniert. ●●

Kreatives Gestalten mit **Papiermaché**
(**5246**-4) Von B. Jetzek-Berkenhaus, 32 S., ca. 50 Farbfotos, mit Vorlagebogen in Origi-nalgröße, kartoniert. ●

Marmorieren
Muster · Techniken · Gestaltungsideen
(**5247**-2) Von T. Hartel, 32 S., ca. 50 Farbfotos, mit Vorlagebg. in Originalgröße, kart. ●

Heut basteln wir mit Pappe und Papier
(**4413**-5) Von U. Barff, J. Maier, 224 Seiten, 117 Farbfotos, 88 Farbzeichn., 25 s/w-Abb., mit Schnittmusterbogen, Pappband. ●●

Das große farbige Bastel- und Werkbuch
Die Welt der Dinosaurier
Tiere und Landschaften zum Selbermachen
Ausbrechen, aufstellen, spielen
(**4478**-X) Von B. Burkart, 8 Blatt mit heraus-lösbaren Motiven, 280-g-Karton mit Stan-zung, 8 S. Bastelanl. und Sachinformation. ●●

Das große farbige
Dinosaurierbastelbuch
(**4686**-3) Von S. Koter, 128 S., 87 Farbzeichn., 71 Farbzeichn., mit Vorlagebogen, Pappbd. ●●●

Fensterbilder in Scherenschnitt
(**5169**-7) Von A. Hahn, 32 Seiten, 52 Farb-fotos, 3 s/w-fotos, mit Vorlagebogen in Origi-nalgröße, kartoniert. ●

Fensterbilder
Meine Lieblingstiere
(**5197**-2) Von Y. Thalheim, H. Nadolny, 32 Seiten, 38 Farbfotos, mit Vorlagebogen in Originalgröße, kartoniert. ●

Fensterbilder Enten und Gänse
(**5278**-2) Von D. Köhnen, 48 Seiten, durch-gehend vierfarbig, mit Vorlagebogen, kart. ●

Fensterbilder Lustige Tiere
(**5210**-3) Von F. Michalski, 32 S., 47 Farbfotos, mit Vorlagebogen in Originalgröße, kart. ●

Fensterbilder Bauernhof
(**5264**-2) Von D. Köhnen, 48 Seiten, 44 Farb-fotos, Vorlagebogen, kartoniert. ●

Fensterbilder Dinosaurier
(**5260**-X) Von C. Hüfner, 32 S., 8 Farbfotos, 47 Farbzeichnungen, Bastelbogen, kart. ●

Basteln mit Kindern
Fensterbilder Ritter und Burgen
(**5284**-7) Von D. Köhnen, 48 Seiten, durch-gehend vierfarbig, mit Vorlagebogen, kart. ●

Mit Farben und Papieren
Fenster dekorieren
(**5255**-3) Von K. Groß, 32 Seiten, 8 Farbfotos, 59 Farbzeichnungen, kartoniert. ●

Basteln mit Kindern
Große Fensterbilder
(**5276**-6) Von D. Köhnen, 48 Seiten, durch-gehend vierfarbig, mit Vorlagebogen, kart. ●

Originelle Fensterbilder
aus Tonpapier und Tonkarton
(**1305**-1) Von D. Köhnen, 64 Seiten, 70 Farb-fotos, kartoniert. ●

Die schönsten Fensterbilder
(**1066**-4) Von C. Kimmerle, 64 S., 100 Farb-fotos, 7 Zeichnungen, kartoniert. ●

Das Fensterbilder-Alphabet
Basteln mit Kindern ab 5 Jahren
(**5242**-1) Von E. Bohne, 32 S., ca. 50 Farbabb., mit Vorlagebogen in Originalgröße, kart. ●

Märchenhafte Fensterbilder
(**5185**-9) Von J. Maier, 32 S., 37 Farbfotos, mit Vorlagebogen in Originalgröße, kart. ●

Fensterbilder Blumen und Tiere
(**5186**-7) Von M. Twachtmann, 32 Seiten, 41 Farbfotos, 3 Zeichnungen, mit Vorlage-bogen in Originalgröße, kartoniert. ●

Fensterbilder rund um die Welt
(**1411**-2) Von D. Köhnen, 64 Seiten, Vorlage-bogen, 66 Farbfotos, kartoniert. ●●

Fensterbilder Tiere
(**5268**-5) Von E. Bohne, 32 S., zahlr. Farbab-bildungen, Vorlagebogen, kartoniert. ●

Fensterbilder Strand und Meer
(**5266**-9) Von B. Alex, 32 S., 57 Farbfotos, Vorlagebogen, kartoniert. ●

Fensterschmuck
Originelle Ideen für Dekorationen und Fensterbilder
(**1241**-1) Von D. Köhnen, 64 S., ca. 70 Farb-fotos, Vorlagebogen, kartoniert. ●●

Klassisches Origami
Asiatische Faltkunst für Fortgeschrittene
(**1454**-6) Von P. D. Tuyen, ca. 80 Seiten, ca. 600 farbige Abbildungen, kartoniert. ●●

Sticker
Bastelspaß mit bunten Bildern
(**5270**-7) Von D. Dieterle und J. Reick, 48 S., 73 Farbfotos, mit Vorlagebogen, kartoniert. ●

Papierflieger
(**5157**-3) Von T. Gött, 32 S., 73 Farbf., 19 Zeichn., mit Vorlagebogen in Originalgröße, kart. ●

Windspielzeug
Bastelspaß mit Kindern ab 5 Jahren
(**5241**-3) Von D. Köhnen, 32 S., ca. 50 Farb-abb., mit Vorlagebg. in Originalgröße, kart. ●

Flieger und Schiffe aus Papier
falten, ausbalancieren und steuern
(**1410**-4) Von C. Hüfner, ca. 80 Seiten, zahlr.
Farbabbildungen, kartoniert. ●●

Faltschnitte
(**5257**-X) Von B. Blankenburg, 32 S., 12 Farbf.,
42 Farbzeichn., Vorlagebogen, kartoniert. ●

Laternen und Lampions
(**5206**-5) Von C. Hüfner, 32 S., 60 Farbfotos,
mit Vorlagebogen in Originalgröße, kart. ●

Mobiles aus Papier
(**5183**-2) Von J. Maier, 32 S., 17 Farbfotos,
35 Farbzeichnungen, mit Vorlagebogen in
Originalgröße, kartoniert. ●

Tiermobiles
(**5258**-8) Von C. Hüfner, 32 Seiten, 57 Farbzeichnungen, Vorlagebogen, kartoniert. ●

Sonne, Mond und Sterne
Motive und Geschenkideen
(**5282**-0) Von D. Köhnen, 48 Seiten, durchgehend vierfarbig, mit Vorlagebogen, kart. ●

Bastelideen für Indianerspiele
(**5252**-9) Von B. Nelich, D. Velte, 32 Seiten,
38 Farbfotos, Vorlagebogen, kartoniert. ●

Der große Verkleidungsspaß
Kinderkostüme
(**1304**-3) Von C. Baumgarten, 53 Farbfotos,
183 Farbzeichn., Vorlagebogen, kart. ●●

Lustige Geschenk- und Schultüten
(**5263**-4) Von F. Michalski, 32 Seiten,
26 Farbfotos, Vorlagebogen, kartoniert. ●

Deco Art
Die Kunst, Geschenke zu verpacken
(**0949**-6) Von B. Niermann, 80 S., 78 Farbfotos, 191 Zeichnungen, kartoniert. ●●

Geschenke wunderschön verpacken
(**1113**-X) Von P. Jansen, 80 S., 79 Farbfotos,
166 Farbzeichnungen, kartoniert. ●●

Geschenke umweltfreundlich verpacken
(**1240**-3) Von P. Jansen, 64 S., vierfarbige
Fotos und Illustrationen, kartoniert. ●●

Geldgeschenke
phantasievoll gestalten
(**5251**-0) Von P. Jansen, 32 Seiten, 49 Farbfotos, Vorlagebogen, kartoniert. ●

**Geldgeschenke · Gutscheine ·
Geschenkanhänger**
originell gestalten und verpacken
(**1115**-6) Von S. Haenitsch-Weiß, A. Weiß,
80 Seiten, 176 Farbfotos, kartoniert. ●●

Geschenke verpacken für Kinderfeste
(**5195**-6) Von C. Netolitzky, 32 S., 43 Farbfotos,
mit Vorlagebogen in Originalgröße, kart. ●

Originelles Ambiente für Gäste
Festdekorationen
(**1049**-4) Von B. Niermann, 80 S., 125 Farbfotos, 59 Farbzeichn., kartoniert. ●●

Origineller Bastelspaß rund ums Herz
Motive und Geschenkideen
(**5272**-3) Von D. Köhnen, 48 Seiten, durch-
hend vierfarbig, mit Vorlagebogen, kart. ●

Dekorative Schleifen
aus Bändern und Papier
(**5205**-7) Von M. Schorege, 32 S., 28 Farbfotos, 31 Farbzeichnung, mit Vorlagebogen
in Originalgröße, kartoniert. ●

Dekorieren und Arrangieren mit
Seidenblumen
(**5200**-6) Von M. L. Sprang, 32 S., 37 Farbfotos, 14 Farbzeichn., mit Vorlagebogen
in Originalgröße, kartoniert. ●

Schmuck- und Glückwunschkarten
Papierarchitektur · Collagen · Faltschnittkarten
(**1114**-8) Von S. Canladerer, 64 S., 55 Farbfotos, 31 Zeichnungen, kartoniert. ●●

Einladungs-, Tisch- und Menükarten
selbst gestalten
(**1302**-7) Von S. Haenitsch-Weiß, 80 Seiten,
zahlreiche Farbabbildungen, kartoniert. ●●

Basteln mit Kindern
Moosgummi
(**5271**-5) Von A. und R. Schurr, 48 Seiten,
durchgehend vierfarbig, mit Vorlagebogen,
kartoniert. ●

Originell und Modern
Moosgummi
(**1354**-X) Von S. Boczkowski-Sigges, 56 Seiten,
92 Farbfotos, kartoniert. ●●

Osterschmuck
Neue Ideen für Kränze, Sträuße, Gestecke
(**5267**-7) Von I. Gleim, ca. 32 Seiten, zahlr.
Farbabbildungen, kartoniert. ●

Basteln mit Kindern für
Ostern
(**5283**-9) Von V. Ettelt u.a., 48 Seiten, 12 Farbf.,
83 Farbzeichnungen, mit Vorlageb., kart. ●

Ostereier originell dekorieren
(**5219**-7) Von W. Velte, 32 S., 44 Farbfotos,
mit Vorlagebogen in Originalgröße, kart. ●

Fensterbilder für die Osterzeit
(**5244**-8) Von R. Lübke, D. Lübke, 32 S., ca.
50 Farbf., mit Vorlageb. in Originalg., kart. ●

Basteln für Ostern
(**5164**-6) Von Chr. Adjano, 32 S., 47 Farbfotos,
mit Vorlagebogen in Originalgröße, kart. ●

Ostereier
Basteln mit Kindern ab 5 Jahren
(**5243**-X) Von Vera Ettelt, 32 Seiten, mit
Spielebogen, kartoniert. ●

Tischdekorationen für Ostern
(**5220**-0) Von Chr. Adjano, 32 S., 49 Farbfotos,
mit Vorlagebogen in Originalgröße, kart. ●

Basteln und dekorieren für
Advent und Weihnachten
(**4446**-1) Von G. Teusen, C. Netolitzky, 176 S.,
285 Farbf., mit Bastelvorlagebg., Pappb. ●●●

Kinderbastelbuch
für Advent und Weihnachten
(**4687**-1) Von S. Wetzel-Maesmanns, 104 S.,
ca. 120 Farbfotos, ca. 300 Anleitungsillustra-
tionen, Vorlagebogen, Pappband. ●●

Lustige Bastelideen für die
Weihnachtszeit
(**5256**-1) Von B. Löschenkohl, 32 S., 8 Farbfotos, 69 Farbzeichn., Vorlagebogen, kart. ●

Basteln für Weihnachten
(**5162**-X) Von Chr. Adjano, 32 S., 44 Farbfotos,
mit Vorlagebogen in Originalgröße, kart. ●

Fensterbilder Winter und Weihnachten
(**5275**-8) Von F. Michalski, 48 S., 57 Farbfotos,
Vorlagebogen, kartoniert. ●

**Fensterdekorationen für die
Weihnachtszeit**
(**5181**-6) Von Y. Thalheim, H. Nadolny, 32 S.,
33 Farbfotos, mit Vorlagebogen in Originalgröße, kartoniert. ●

**Fensterbilder für Advent und
Weihnachten**
(**5211**-1) Von M. Schorege, 32 S., 24 Farbf.,
15 Zeichn., mit Vorlagebg. in Originalg., kart. ●

Strohsterne
in bunter Vielfalt
(**5273**-1) Von M. Schorege, 48 S., 46 Farbfotos,
Vorlagebogen, kartoniert. ●

Duftender Weihnachtsschmuck
aus Tonpapier und Potpourri
(**5254**-1) Von S. Wetzel-Maesmanns, 32 Seiten,
38 Farbfotos, Vorlagebogen, kartoniert. ●

Duftsträuße und Potpourris
(**1239**-X) Von A. Effelsberg, 80 Seiten,
ca. 200 vierfbg. Abbildungen, kartoniert. ●●

Potpourris
Rezepturen und Geschenkideen
(**5265**-0) Von U. Altmann, 32 Seiten, 53 Farbfotos, kartoniert. ●

Trockenblumen
Gewürzsträuße, Gestecke, Kränze, Buketts
(**0643**-8) Von R. Strobel-Schulze, 88 Seiten,
170 Farbfotos, kartoniert. ●●

Phantasievolles Schminken
Verzauberte Gesichter für Maskeraden,
Laienspiele und Kinderfeste
(**0907**-0) Hrsg.: H. u. Y. Nadolny, 64 Seiten,
227 Farbfotos, kartoniert. ●●

Schminken für Kinder
(**5177**-8) Von Y. Thalheim, H. Nadolny, 32 S.,
68 Farbfotos, mit Vorlagebogen in Originalgröße, kartoniert. ●

Do it yourself und Technik

Moderne Fotopraxis
(**4401**-1) Von G. Koshofer, Prof. H. Wedewardt,
224 S., 363 Farbfotos, 106 s/w-Fotos, 5 Farb-
und 24 s/w-Zeichnungen, Pappband. ●●●●

So macht man bessere Fotos
(**1158**-X) Von G. Koshofer, 144 S., 259 Farbfotos, 25 s/w-Fotos, kartoniert. ●●

So macht man bessere Kinderfotos
(**1459**-7) Von G. Koshofer, ca. 120 Seiten,
ca. 260 farbige Abbildungen, kartoniert. ●●●

Kodak Photo CD
Bilder archivieren, bearbeiten, präsentieren
(**4388**-0) Von H. Freund, ca. 176 Seiten,
durchgehend vierfarbig, kartoniert. ●●●

Videografieren
Filmen mit Video 8. Technik – Bildgestaltung
– Schnitt – Vertonung.
(**0843**-0) Von M. Wild, K. Möller, 120 Seiten,
101 Farbfotos, 22 s/w-Fotos, 52 Zeichnungen,
kartoniert. ●●

Videografieren perfekt
Profitricks für Aufnahmetechnik und
Nachbearbeitung
(**0969**-0) Von W. Schild, 120 S., 144 Farbabbildungen, 5 s/w-Abbildungen, kart. ●●●

Besser VIDEOfilmen
Moderne Technik für perfekte Videos
(**1458**-9) Von W. Schild, ca. 160 Seiten, zahlreiche Farbabbildungen, kartoniert. ●●●

Videofilmen wie ein Profi
Technik · Motive · Filmaufbau ·
Nachbearbeitung
(**4506**-9) Von T. Pehle, 232 S., 444 Farbfotos,
61 zweifbg. Zeichnungen, Pappband. ●●●●

Do it yourself
Heimwerken
(**4117**-9) Von T. Pochert, 456 S., 1103 Farbfotos, 100 Farbabb., Pappband. ●●●●

Do it yourself
Drechseln
Material · Technik · Beispiele
(**1306**-X) Von O. Maier, 72 S., 195 Farbabbildungen, 14 s/w-Zeichnungen,
kartoniert. ●●

Do it yourself
Dachgeschoß- und Innenausbau
(**1243**-8) Von M. Maurer, 96 S., 314 Farbfotos,
35 Zeichn., kartoniert. ●●

Do it yourself
Sanitärinstallationen
(**1118**-0) Von W. Kawlath, 96 Seiten, 214 Farbabbildungen, kartoniert. ●●

Do it yourself
Metall bearbeiten
(**1119**-9) Von O. Maier, 96 S., 230 Farbfotos,
6 s/w-Zeichnungen, kartoniert. ●●

Do it yourself
Elektroarbeiten
(**0975**-5) Von K. H. Schubert, 120 S., 193 Farbfotos, 40 Zeichnungen, kartoniert. ●●

Möbel im Designer-Stil
entwerfen und bauen
(**1360**-4) Von H.-W. Bastian, ca. 64 Seiten,
zahlr. Farbabbildungen, kartoniert. ●●●

3

Möbel für Kinderzimmer und Wohnbereich
(**1456**-2) Von H.-W. Bastian, 80 Seiten, vierfarbig, kartoniert. ●●

Schnitzen
Hölzer · Muster · Werkzeuge
(**1414**-7) Von O. Maier, ca. 64 Seiten, zahlr. Farbabbildungen, kartoniert. ●●

Modellbauelektronik
Fernsteuerungen für Autos, Schiffe, Flugzeuge
(**1361**-2) Von W. Kawlath, 80 Seiten, zahlr. Farbabbildungen, kartoniert. ●●

Alarmanlagen
für Wohnung, Haus, Auto
(**1308**-6) Von H.-W. Bastian, 64 Seiten, 81 Farbfotos, 32 Zeichnungen kartoniert. ●●

Solarstromanlagen
bauen und installieren
(**1457**-0) Von P. Röbke-Doerr, E. Steffens, ca. 80 Seiten, ca. 200 farbige Abbildungen, kartoniert. ●●

Hifi-Boxen
(**1307**-8) Von U. Hilgefort, 96 S., 160 Farbfotos, 49 Zeichnungen, kartoniert. ●●

Technik im Garten
Pumpen · Filter · Beleuchtung
(**1238**-1) Von H.-W. Bastian, 64 S., 90 Farbfotos, 17 Farbzeichnungen, kartoniert. ●●

Restaurieren von Möbeln
Stilkunde, Materialien, Techniken, Arbeitsanleitungen in Bildfolgen.
(**4120**-9) Von E. Schnaus-Lorey, 152 S., 37 Farbf., 75 s/w-Fotos, 352 Zeichn., Pappbd. ●●●●

Elektronik als Hobby
Von der Grundlagenschaltung zum integrierten Schaltkreis
Mit 8 wichtigen Universalplatinen
(**4293**-0) Von W. Priesterath, 264 S., 80 s/w-Fotos, 128 Zeichn., Pappband. ●●●●

Die Super-Sportwagen der Welt
(**4423**-2) Von H. G. Isenberg, 194 S., 184 Farbfotos, 4 farbige Ausklapptafeln, 32 s/w-Fotos, Pappband. ●●●●●

Die Super-Rennwagen der Welt
(**4707**-X) Von H. G. Isenberg, 194 Seiten, 189 Farbf., 31 s/w-Fotos, Pappband. ●●●●

Die Super-Trucks der Welt
(**4257**-4) Von H. G. Isenberg, 194 Seiten, 205 Farbfotos, 87 s/w-Fotos, 7 Farbzeichn., 4 farbige Ausklapptafeln, Pappbd. ●●●●

Die Super-Motorräder der Welt
(**4193**-4) Von H. G. Isenberg, 192 Seiten, 170 Farb- und 100 s/w-Fotos, 8 Zeichnungen, Pappband. ●●●●

Die Super-Eisenbahnen der Welt
(**4287**-6) Von W. Kosak, H. G. Isenberg, 224 S., 269 Farbfotos, 79 s/w-Fotos, 8 Vignetten, 5 farbige Ausklapptafeln, Pappband. ●●●●

Die Super-Dampfloks der Welt
(**4480**-1) Von H. Faust, H. G. Isenberg, 194 Seiten, 193 Farbfotos, mit vier Ausklapptafeln, Pappband. ●●●●

Plastikmodellbau
Autos, Schiffe, Flugzeuge in vollendeter Technik.
(**1116**-4) Von W. Kawlath, 96 Seiten, 272 Farbabbildungen, kartoniert. ●●

Spiele und Denksport

Spielbare Witze für Kinder
(**0824**-4) Von H. Schmalenbach, 112 Seiten, 30 Zeichnungen, kartoniert. ●

Neue spielbare Witze für Kinder
(**1173**-3) Von H. Schmalenbach, 96 Seiten, 31 Zeichnungen, kartoniert. ●

Scherzfragen, Drudel und Blödeleien
gesammelt von Kindern.
(**0506**-7) Hrsg. von W. Pröve, 80 Seiten, 57 Zeichnungen, kartoniert. ●

Spiele mit Papier und Bleistift
(**2044**-9) Von K.-H. Koch, ca. 96 Seiten, kartoniert. ●

Der Elefant in meiner Hand ...
Fingerspiele
für Kinder vom Baby – bis zum Grundschulalter
(**2043**-0) Von G. Falkenberg, 72 Seiten, 146 Farbzeichnungen, kartoniert. ●

Kinderspiele
die Spaß machen
(**2009**-0) Von H. Müller-Stein, 104 Seiten, 28 Abbildungen, kartoniert. ●

Kinderspiele mit Buchstaben und Wörtern
(**1041**-9) Von Dr. U. Vohland, 96 Seiten, 54 Zeichnungen, kartoniert. ●

Spiel und Spaß am Krankenbett
für Kinder und die ganze Familie
(**2035**-X) Von H. Bücken, 96 Seiten, 97 Zeichnungen, kartoniert. ●

Spiele im Freien
(**2038**-4) Von G. Wagner, 88 S., 20 zweifbg. Zeichnungen, kartoniert. ●

Spiel und Spaß zu Hause
(**2039**-2) Von U. Geißler, 80 S., 90 zweifbg. Abbildungen, kartoniert. ●

Spiel und Spaß auf Reisen
Für Kinder und die ganze Familie
(**1085**-0) Von U. Geißler, 80 S., 107 zweifbg.-Zeichnungen, kartoniert. ●

Kleine Spiele ganz groß
(**1330**-2) Von U. Vohland, 80 Seiten, 93 s/w-Zeichnungen, kart. ●

Entdeckungsspiele für die ganze Familie
Rallyes zu Fuß und mit dem Fahrrad
(**1393**-0) Von U. Vohland, 96 S., 117 Zeichnungen, kartoniert. ●●

Kinder spielen Theater
(**4696**-0) Von G. Walter, 160 S., 48 Farbfotos, 229 Farbzeichnungen, Pappband. ●●●

Guten Tag, Kinder!
Neue Texte mit Spielanleitungen fürs Kasperletheater.
(**0861**-9) Von U. Lietz, 96 S., 18 s/w-Zeichnungen, kartoniert. ●

Kasperletheater
Spieltexte und Spielanleitungen · Basteltips für Theater und Puppen.
(**0641**-0) Von U. Lietz, 114 Seiten, 4 Farbtafeln, 12 s/w-Fotos, 39 Zeichnungen, kartoniert. ●●

Kindergeburtstage, die keiner vergißt
Planung, Gestaltung, Spielvorschläge.
(**0698**-5) Von G. und G. Zimmermann, 104 S., 80 Vignetten, kartoniert. ●

Kindergeburtstag
Vorbereitung, Spiel und Spaß.
(**0287**-4) Von Dr. I. Obrig, 136 S., 40 Abb., 11 Zeichn., 9 Lieder mit Noten, kart. ●●

Unvergeßliche Kindergeburtstage
(**4705**-3) Von G. Hennekemper, 176 S., 116 Farbfotos, 134 Farbzeichn., Pappband. ●●●

Unvergeßliche Kinderpartys
Tolle Ideen für Einladungen, Dekorationen und Spiele
(**4756**-8) Von V. Mirschel, 112 S., zahlreiche Farbfotos und -zeichnungen, gebunden. ●●●

Unvergeßliche Kinderfeste
Tolle Dekorationen, Spiele, Sketche für drinnen und draußen
(**4457**-7) Von Dr. G. Hennekemper, 192 S., 111 Farbfotos, 214 Farb- und 14 s/w-Zeichnungen, 4 S. Schnittmuster, Pappband. ●●●

Spielen mit den Allerkleinsten
(**4691**-X) Von S. Horak, 128 S., 47 Farbfotos, Pappband. ●●●

Lauter tolle Sachen, die Kinder gerne machen
(**4731**-2) Hrsg. U. Barff., 352 S., 117 Farbfotos, 778 Farbzeichnungen, Pappband. ●●●●

Das große bunte Spielebuch
für Kinder von 2 bis 6 Jahren
(**4543**-3) Von R. Grabbet, 160 S., 312 Farbabbildungen, Pappband. ●●●

Mein kunterbuntes Ratebuch
Rätselspiele mit Bildern und Wörtern für Kinder von 7 bis 10 Jahren
(**4697**-9) Von D. und R. Zey, ca. 144 Seiten, durchgehend vierfarbig, gebunden. ●●●

Neues Buch der siebzehn und vier Kartenspiele
(**0095**-2) Von K. Lichtwitz, 96 S., kartoniert. ●

Alles über Pokern
Regeln und Tricks.
(**2024**-4) Von C. D. Grupp, 112 S., 29 Kartenbilder, kartoniert. ●

Rommé und Canasta
in allen Variationen.
(**2025**-2) Von C. D. Grupp, 88 S., 24 Zeichnungen, kartoniert. ●

Doppelkopf, Schafkopf, Binokel, Cego, Tarock und andere Stammtischspiele.
(**2015**-5) Von C. D. Grupp, 112 S., kartoniert. ●

Das Skatspiel
Eine Fibel für Anfänger
(**0206**-8) Von K. Lehnhoff, 96 S., kartoniert. ●

Spielend Skat lernen
unter freundlicher Mitarbeit des Deutschen Skatverbandes
(**2005**-8) Von Th. Krüger, 120 Seiten, 181 s/w-Fotos, 22 Zeichnungen, kart. ●

Patiencen
in Wort und Bild. (**2003**-1) Von I. Wolter-Rosendorf, 120 Seiten, kartoniert. ●

Neue Patiencen
(**2036**-8) Von H. Sosna, 160 Seiten, 43 Farbtafeln, kartoniert. ●

Spielend Bridge lernen
(**2012**-0) Von J. Weiss, 96 Seiten, 58 Zeichnungen, kartoniert. ●

Spieltechnik im Bridge
(**2004**-X) Von V. Mollo und N. Gardener, dt. Adaption von D. Schröder, 152 S., kart. ●●●

Neue Kartentricks
(**2027**-9) Von K. Pankow, 104 Seiten, 20 Abbildungen, kartoniert. ●

Das japanische Brettspiel Go
(**2020**-1) Von W. Dörholt, 104 S., 182 Diagramme, kart. ●

Spielend Go lernen
(**2041**-4) Von H. Otake, S. Futakuchi, 192 S., 615 s/w-Zeichnungen, kartoniert. ●●

Mah-Jongg
Das chinesische Glücks-, Kombinations- und Gesellschaftsspiel. (**2030**-9) Von U. Eschenbach, 80 S., 30 s/w-Fotos, 5 Zeichn., kart. ●

Backgammon
für Anfänger und Könner. (**2008**-2) Von G. W. Fink und G. Fuchs, 104 S., 41 Abb., kart. ●

Einführung in das Schachspiel
(**0104**-5) Von W. Wollenschläger und K. Colditz, 112 S., 116 Diagramme, kartoniert. ●

Schach, das königliche Spiel
Von den Grundzügen zum strategischen Spiel.
(**1105**-9) Von T. Schuster, 192 S., 302 Diagramme, kart. ●●

Spielend Schach lernen
(**2002**-3) Von T. Schuster, 96 S., , kartoniert. ●

Kinder- und Jugendschach
Offizielles Lehrbuch des Deutschen Schachbundes zur Erringung der Bauern-, Turm- und Königsdiplome.
(**0561**-X) Von B. J. Withuis, H. Pfleger, 144 S., 220 Zeichnungen und Diagramme, kart. ●●

Zug um Zug
Schach für jedermann 1
Offizielles Lehrbuch des Deutschen Schachbundes zur Erringung des Bauerndiploms.
(0648-9) Von H. Pfleger, E. Kurz, 80 Seiten, 24 s/w-Fotos, 8 Zeichnungen, 60 Diagramme, kartoniert. ●●

Zug um Zug
Schach für jedermann 2
Offizielles Lehrbuch des Deutschen Schachbundes zur Erringung des Turmdiploms.
(0659-4) Von H. Pfleger, E. Kurz, 128 Seiten, 7 s/w-Fotos, 13 Zeichnungen, 78 Diagramme, kartoniert. ●●

Zug um Zug
Schach für jedermann 3
Offizielles Lehrbuch des Deutschen Schachbundes zur Erringung des Königsdiploms.
(0728-0) Von H. Pfleger, G. Treppner, 128 S., 4 s/w-Fotos, 84 Diagr., 10 Zeichn., kart. ●●

Schach für Fortgeschrittene
Taktik und Probleme des Schachspiels
(0219-X) Von R. Teschner, 88 Seiten, 85 Diagramme, kartoniert. ●

Neue Schacheröffnungen
(0478-8) Von T. Schuster, 104 Seiten, 100 Diagramme, kartoniert. ●

Würfelspiele
für jung und alt. (2007-4) Von F. Pruss, 112 S., 21 s/w-Zeichnungen, kartoniert. ●

Roulette richtig gespielt
Systemspiele, die Vermögen brachten.
(0121-5) Von M. Jung, 96 S., zahlreiche Tabellen, kartoniert. ●

Spiele für Party und Familie
(2014-7) Von Rudi Carrell, 80 S., 22 Zeichnungen, kartoniert. ●

Neue Spiele für Ihre Party
(2022-8) Von G. Blechner, 120 S., 54 Zeichnungen, kartoniert. ●

Lustige Tanzspiele und Scherztänze
für Party und Feste.
(0165-7) Von E. Bäulke, 80 S., 53 Abb., kart. ●

Das Spiel mit der Schwerkraft
Jonglieren
Mit Bällen, Keulen, Ringen und Diabolo.
(1009-5) Von S. Peter, 80 S., 149 Farbfotos, kartoniert. ●

Zaubern
einfach – aber verblüffend.
(2018-X) Von D. Bouch, 84 Seiten, 41 Zeichnungen, kartoniert. ●

Tips, Tricks und Gewinnstrategien für Game-Boy-Spiele
(1235-7) Von René Zey, 176 Seiten, 100 Zeichnungen, kartoniert. ●●

Neue Game-Boy-Spiele
Sport, Action und Adventure
(1325-6) Von R. Zey, 176 Seiten, 21 s/w-Zeichnungen, kartoniert. ●●

Alles über Super-Nintendo-Spiele
Technik, Tips und Tricks
(1340-X) Von D. Mark, 104 S., zahlreiche Farbabbildungen, kartoniert. ●●

Das 3. Glücksrad Rätselbuch
(1391-4) 160 Seiten, kartoniert. ●●

Rätselspiele
Quiz- und Scherzfragen für gesellige Stunden
(1270-5) Von K. H. Schneider, ca. 80 Seiten, ca. 80 s/w-Abbildungen, kartoniert. ●

Knobeleien und Denksport
(2019-8) Von K. Rechberger, 142 Seiten, 105 Zeichnungen, kartoniert. ●

So feiert man Feste fröhlicher
Heitere Vorträge und Gedichte
(0098-7) Von Dr. Allos, 96 Seiten, 15 Abbildungen, kartoniert. ●

Die große Lachparade
Neue Texte für heitere Vorträge und Ansagen
(0188-6) Von E. Müller, 80 S., kartoniert. ●

Rat und Wissen

Der gute Ton
in Gesellschaft und Beruf.
(0063-4) Von I. Wolter, 80 S., 42 s/w-Fotos, 7 Zeichnungen, kartoniert. ●

Der gute Ton
im Privatleben.
(1111-3) Von I. Wolter, bearbeitet von Wolf Stenzel, 104 S., 42 s/w-Abbildungen, kart. ●

Umgangsformen heute
Die Empfehlungen des Fachausschusses für Umgangsformen.
(4015-6) 252 S., 108 s/w-Fotos, 17 Zeichnungen, Pappband. ●●●

Abc der modernen Umgangsformen
(4754-1) Von I. Wolff, ca. 300 Seiten, zahlreiche Abbildungen, gebunden. ●●●

Benehmen bei Tisch
(0988-7) Von I. Cording, 80 S., 90 Farbfotos, 5 s/w-Zeichnungen, kartoniert. ●●

Krawatten
Fliegen, Schals und Tücher gekonnt binden
(1072-9) Von Y. Thalheim, H. Nadolny, 48 S., 129 Farbfotos, 1 s/w-Foto, Pappband. ●

freundin
Farbberatung
Alle Farben, die Ihnen wirklich stehen
(4520-4) Von Chr. Buscher, 128 Seiten, 175 Farbfotos, Pappband. ●●●●

freundin
Das perfekte Make-up
(4727-4) Von M. Rüdiger, H. Kirchberger, G. Mergenburg, 128 Seiten, 271 Farbfotos, Pappband. ●●●●

freundin
Der große Ratgeber
Body Fitness
Diät · Pflege · Bräune · Gymnastk · Anti-Cellulite-Programm
(4758-1) Von M. Bückmann u.a., ca. 128 S., durchgehend vierfarbig, gebunden. ●●●●

freundin Ratgeber
Hochzeit feiern
(4702-2) Von C. von Hoerner-Nitsch, I. Weber, K. Riebartsch, C. von Bernuth, 128 Seiten, 188 Farbfotos, · 28 s/w-Fotos, Pappbd. ●●●●

freundin
Typ & Frisur
(4695-2) Von E. Bolz, 128 S., 219 Farbfotos, Pappband. ●●●●

Gedichte, Reden und Sketche
für grüne, silberne u. goldene Hochzeitstage
(1269-1) Von F. Rieder, 160 S., durchgehend vierfarbig, Pappband. ●●

Von der Verlobung zur Goldenen Hochzeit
(0393-5) Von E. Runge, 112 Seiten, kartoniert. ●

Hochzeitszeitungen
Tolle Ideen für Leute von heute
(1379-5) Von Y. Thalheim, 80 S., 160 zweifbg. Abbildungen, kartoniert. ●●

Die Silberhochzeit
Vorbereitung · Einladung · Geschenkvorschläge · Dekoration · Festablauf · Menüs · Reden · Glückwünsche. (0542-3) Von K. F. Merkle, 112 S., 41 Zeichnungen, kartoniert. ●

Geburtstagsfeiern für jedes Alter
Planung und Festgestaltung
(1382-5) Von S. Ahrndt, 120 S., 145 Farbzeichnungen, 28 Farbzeichnungen, kartoniert. ●●

Geburt und Taufe feiern
Planung und Festgestaltung
(1443-0) Von S. Ahrendt, 112 Seiten, 46 Farbzeichn., kartoniert. ●●

Wie soll es heißen?
(0211-4) Von D. Köhr, 136 S., kartoniert. ●

Unsere beliebtesten Vornamen
(1023-0) Von A. F. W. Weigel, 160 Seiten, 75 s/w-Fotos, Pappband. ●●

Die schönsten Vornamen
(4755-X) Hrsg. Dr. D. Voorgang, ca. 208 Seiten, über 100 Farbzeichnungen, gebunden. ●●

Kindergedichte, Lieder und Sketche für Hochzeitsfeiern
(1112-1) Von B. Lins, 72 Seiten, 26 farbige Abbildungen, 15 Lieder, kartoniert. ●

Neue Kindergedichte und Lieder für Hochzeitsfeste
(1431-7) Von A. Schweiggert, 80 S., 27 s/w-Zeichnungen, kartoniert. ●

Kindergedichte rund ums Jahr
(1040-0) Von A. Schweiggert, 80 Seiten, 49 Zeichnungen, 6 Vignetten, kartoniert. ●

Kindergedichte für alle Tage und Feste
Freu dich, daß noch Blumen sprießen . . .
(1489-9) Von G. Rudolf, 160 S., durchgehend zweifarbig, gebunden. ●●

Ins Gästebuch geschrieben
(0576-8) Von K. H. Trabeck, 96 Seiten, 24 Zeichnungen, kartoniert. ●

Der Verseschmied
Kleiner Leitfaden für Hobbydichter.
(0597-0) Von T. Parisius, 96 Seiten, 28 Zeichnungen, kartoniert. ●

Mach' dir einen Reim
Der moderne Versenschmied
(1433-3) Von G. Rudorf, 192 S., Pappband. ●●

Die schönsten Volkslieder
(0432-X) Hrsg. D. Walther, 128 S., mit Noten und Zeichnungen, kartoniert. ●

Alte und neue
Wanderlieder
(1268-3) Von P. G. Walter, 96 S., zweifarbig, kartoniert. ●●

Neue Glückwunschfibel
für groß und klein.
(0156-8) Von R. Christian-Hildebrandt, 96 S., 13 Vignetten, kartoniert. ●

Großes Buch der Glückwünsche
(0255-5) Hrsg. von O. Hührmann, 176 S., 77 Zeichnungen und viele Gestaltungsvorschläge, kartoniert. ●●

Wetter und Wind dienen sich geschwind
Beliebte Bauernregeln
(1267-5) Von G. Haddenbach, ca. 80 Seiten, ca. 30 zweifarbige Illustrationen, kart. ●

Beliebte Verse fürs Poesiealbum
Rosen, Tulpen, Nelken . . .
(0431-1) Von W. Pröve, 96 Seiten, 11 Faksimile-Abbildungen, kartoniert. ●

Verse fürs Poesiealbum
(0241-6) Von I. Wolter, 120 Seiten, 20 Abbildungen, kartoniert. ●

Heiter und besinnliche
Verse fürs Poesiealbum
(1069-9) Von B. H. Bull, 160 Seiten, 70 zweifarbige Illustrationen, Pappband. ●●

Klassische Verse und Zitate
Für Glückwünsche, Briefe, Reden und Poesiealben
(1223-3) Von P. Motzan, 224 Seiten, 40 Abbildungen, kartoniert. ●

Die Kunst der freien Rede
Ein Intensivkurs mit vielen Übungen, Beispielen und Zeichnungen.
(4189-6) Von G. Hirsch, 232 Seiten, 11 Zeichnungen, Pappband. ●●●

Trinksprüche, Gästebuchverse, Richtsprüche
(0224-6) Von D. Kellermann, 96 Seiten, kartoniert. ●

Glückwünsche, Toasts und Festreden zu Polterabend und Hochzeit
(0264-5) Von I. Wolter, 112 Seiten, 18 Zeichnungen, kartoniert. ●

Trinksprüche und Festreden
(**1321**-3) Von L. Metzner, 144 S., 13 zweifarbige Zeichnungen, Pappband. ●●

Grußworte
für Gemeindefeiern, Vereinsjubiläen und
andere offizielle Anlässe
(**4741**-X) Von M. Adam, 192 S., Pappbd. ●●

Moderne Reden und Ansprachen
(**4742**-8) Von M. Adam, 464 Seiten,
Pappband. ●●●●

Reden zu Familienfesten
(**0675**-6) Von G. Georg, 112 S., kartoniert. ●

Reden im Verein
Musteransprachen für viele Gelegenheiten
(**0703**-5) Von G. Georg, 112 S., kartoniert. ●

Reden zum Jubiläum
Musteransprachen für viele Gelegenheiten
(**0595**-4) Von G. Georg, 112 S., kartoniert. ●

**Reden und Sprüche zu Grundsteinlegung,
Richtfest und Einzug**
(**0598**-0) Von A. Bruder, G. Georg, 96 Seiten,
kartoniert. ●

Die überzeugende Rede
Mehr Erfolg durch bessere Rhetorik
(**0076**-6) Von K. Wolter, G. Kunz, 96 Seiten,
kartoniert. ●

Moderne Korrespondenz
Handbuch für erfolgreiche Briefe
(**4014**-8) Von H. Kirst und W. Manekeller,
544 Seiten, Pappband. ●●●●

Musterbriefe
für alle Gelegenheiten.
(**0231**-9) Hrsg. von O. Fuhrmann, 240 Seiten,
kartoniert. ●●

Der moderne Brief
Geschäfts- und Privatkorrespondenz empfän-
gerorientiert schreiben
(**1440**-6) Von Dr. Dr. G. Reinert-Schneider, 112 S.,
44 s/w-Zeichn., kartoniert. ●●

Geschäftsbriefe
zeitgemäß und stilsicher
(**1323**-X) Von G. Briese-Neumann, 152 S.,
kartoniert. ●●

Geschäftliche Briefe
für Privatleute, Handwerker und Kaufleute
(**0041**-3) Von G. Briese-Neumann, ca. 120 S.,
kartoniert. ●

Einladungen texten und gestalten
(**1484**-8) Von R. Zey und A. Bellingen, ca. 80 S.,
kartoniert. ●

Privatbriefe
Muster für alle Gelegenheiten.
(**0114**-2) Von I. Wolter-Rosendorf, 112 S., kart. ●

Erfolgstips für den Schriftverkehr
Briefgestaltung · Rechtschreibung · Zeichen-
setzung · Stil. (**0678**-0) Von U. Schoenwald,
112 Seiten, kartoniert. ●

Behördenkorrespondenz
Musterbriefe · Anträge · Einsprüche
(**0412**-5) Von E. Ruge, 112 S., kartoniert. ●

Worte und Briefe der Anteilnahme
(**0464**-8) Von E. Ruge, M. Adam, 88 Seiten,
mit vielen Abbildungen, kartoniert. ●

Briefe zu Geburt und Taufe
Glückwünsche und Danksagungen. (**0802**-3)
Von H. Beitz, 96 S., 12 Zeichnungen, kart. ●

FALKEN Rechtsberater
Fallbeispiele · Musterbriefe · Gerichtsurteile
(**4734**-7) Hrsg. S. von Hasseln, 756 Seiten,
Pappband. ●●●●

**Alles, was man über Erziehungsgeld,
Mutterschutz, Erziehungsurlaub wissen
muß**
Das neue Recht für Eltern
(**0835**-X) Von K. Möcks, A. Schmitt, 144 S.,
kartoniert. ●●

**Alles, was man über die nichteheliche
Lebensgemeinschaft wissen muß**
(**1071**-0) Von T. Drewes, 104 Seiten, 8 s/w-
Zeichnungen, kartoniert. ●●

Scheidung und Unterhalt
nach dem neuen Eherecht.
(**0403**-6) Von T. Drewes, 112 S., mit Kosten
und Unterhaltstabellen, kartoniert. ●●

**Alles, was man über
Eheverträge**
wissen muß
(**1483**-X) Von T. Münster, 128 Seiten,
kartoniert. ●●

**Alles, was man über Scheidung und
Unterhalt wissen muß**
(**1264**-0) Von T. Drewes, 128 Seiten,
kartoniert. ●●

Alles, was man über Renten wissen muß
Mit Rentenreformgesetz 1992
(**1265**-9) Von K. Möcks, A. Schmitt, 112 Seiten,
kartoniert. ●●

**Rasthaus-Ratgeber
Kinder haben keine Bremse**
Verkehrserziehung für Kinder ab 3 Jahren
(**1497**-X) Von H.-D. Barth, 80 S., durchgehend
vierfarbig, kartoniert. ●●

**Rasthaus-Ratgeber
Stop dem Autoklau**
Die wirksamsten Methoden gegen Autodieb-
stahl
(**1485**-6) Von M. Maurer, 64 Seiten, durchgehend vierfarbig, kartoniert. ●●

**Rasthaus-Ratgeber
Gebrauchtwagenkauf**
Auswahl · Bewertung · Kaufvertrag
(**1498**-8) Von U. Traub, 80 Seiten, durchgehend vierfarbig, kartoniert. ●●

Wolfgang Büsers Erfolgstips
Rentenreform '92
(**1244**-6) Von W. Büser, 80 S., kartoniert. ●

Wolfgang Büsers Erfolgstips
Teilzeitarbeit
(**1266**-7) Von W. Büser, 80 S., kartoniert. ●

Wolfgang Büsers Erfolgstips
(Lohn-) Einkommensteuer '92
Aktuell: Zinssteuer '93
(**1324**-8) Von W. Büser, 176 S., kartoniert. ●●

Vermögensbildung mit System
Anlageformen · Strategien · Praxistips
(**1445**-7) Von W. Schwanfelder, 160 Seiten,
kartoniert. ●●

**Alles, was man über
BAföG wissen muß**
(**1387**-6) Von A. Mengeringhausen, 144 Seiten,
kartoniert. ●●

Testament und Erbschaft
Erbfolge, Rechte und Pflichten der Erben, Erb-
schafts- und Schenkungssteuer, Mustertesta-
mente. (**4139**-X) Von T. Drewes, R. Hollender,
304 Seiten, Pappband. ●●●

Erbrecht und Testament
(**0046**-4) Von H. Wandrey, 124 S., kart. ●

**Alles, was man über Testament und Erb-
schaft wissen muß**
(**0939**-9) Von T. Drewes, 136 Seiten, 9 s/w-
Zeichnungen, kartoniert. ●●

Mietrecht
Leitfaden für Mieter und Vermieter
(**0479**-6) Von J. Beuthner, 196 S., kart. ●●

Haushaltstips
praktisch und umweltfreundlich
(**1046**-X) Von K. Winkell, 96 Seiten, 36 Zeichnungen, kartoniert. ●

Texte für den Anrufbeantworter
(**1389**-2) Von G. Kunz, 80 S., 12 s/w-Zeich-
nungen, kartoniert. ●

**Alles, was man über den Umgang mit
Behörden wissen muß**
(**1390**-6) Von K. Möcks, A. Schmitt, 132 Seiten,
kartoniert. ●●

Wege zum Börsenerfolg
Aktien · Anleihen · Optionen
(**4275**-2) Von H. Krause, 252 S., 4 s/w-Fotos,
86 Zeichnungen, Pappband. ●●●●

Wörter und Unwörter
Sinniges und Unsinniges der deutschen
Gegenwartssprache
(**1401**-7) Hrsg. Gesellschaft für deutsche
Sprache, 176 Seiten, kartoniert. ●●●

Richtige Groß- und Kleinschreibung
durch neue, vereinfachte Regeln. Erläuterun-
gen der Zweifelsfragen anhand vieler Beispiele.
(**0897**-X) Von Prof. Dr. Ch. Stetter, 96 Seiten,
kartoniert. ●

Gutes Deutsch schreiben und sprechen
(**4432**-1) Von W. Manekeller, Dr. G. Reinert-
Schneider, 416 S., durchgehend zweifarbig,
Pappband. ●●●●

Mehr Erfolg in der Schule
**Deutsche Rechtschreibung und
Grammatik**
Übungen und Beispiele für die Klassen 5–10.
(**4407**-0) Von K. Schreiner, 256 S., durchge-
hend zweifarbig, Pappband. ●●●●

Diktate besser schreiben
Übungen zur Rechtschreibung für die Klassen
4 bis 8
(**0469**-9) Von K. Schreiner, 152 S., 31 Zeichnungen, kartoniert. ●●

Deutsche Grammatik
Ein Lern- und Übungsbuch
(**0704**-3) Von K. Schreiner, 122 S., kart. ●●

Aufsätze besser schreiben
Förderkurs für die Klassen 4 – 10
(**0429**-X) Von K. Schreiner, 144 Seiten,
31 Abb., kartoniert. ●●

Mehr Erfolg in der Schule
Der Deutschaufsatz
Übungen und Beispiele für die Klassen 5 – 10.
(**4271**-X) Von K. Schreiner, 240 S., 4 s/w-
Fotos, 51 Zeichnungen, Pappband. ●●●●

Mehr Erfolg in der Schule
Deutsch
Textinterpretation, Literaturgeschichte und
Stilkunde
(**4483**-6) Von K. Schreiner, 272 S., 43 zwei-
farbige Zeichnungen, Pappband. ●●●●

Gedächtnistraining mit Eselsbrücken
(**1388**-4) Von W. Ettig, 96 S., 36 s/w-Zeich-
nungen, kartoniert. ●

Geschichte
Von der Französischen Revolution bis zur
Gegenwart
(**4723**-1) Von K. Schreiner, 256 S., 50 s/w-
Fotos, 10 Farbzeichnungen, 6 zweifarbige
Landkarten, Pappband. ●●●●

Geographie
Natürliche Grundlagen · Gestaltung der
Umwelt · Die Staaten der Erde
(**4724**-X) Von V. Disch, 256 S., ca. 40 Karten
und Grafiken, Pappband. ●●●●

Mehr Erfolg in der Schule
Mathematik 1
Arithmetik und Algebra. Übungen, Beispiele
und Lösungen für die Klassen 5 bis 10.
(**4420**-8) Von R. Müller-Fonfara, 256 Seiten,
193 Zeichn., 2 s/w-Fotos, Pappband. ●●●

Mehr Erfolg in der Schule
Mathematik 2
Geometrie, Statistik, Wahrscheinlichkeitsrech-
nung und kaufmännisches Rechnen
(**4456**-9) Von R. Müller-Fonfara, W. Scholl,
256 Seiten, 6 s/w-Fotos, 304 Zeichnungen,
Pappband. ●●●●

**Mathematische Formeln für Schule und
Beruf**
Mit Beispielen und Erklärungen.
(**0499**-0) Von R. Müller-Fonfara, 156 Seiten,
210 Zeichnungen, kartoniert. ●●

Schülerlexikon der Mathematik
Formeln, Übungen und Begriffserklärungen
für die Klassen 5 – 10
(**0430**-3) Von R. Müller-Fonfara, 176 Seiten,
96 Zeichnungen, kartoniert. ●●

Mehr Erfolg in der Schule
Mathematik 3
Analysis, analytische Geometrie und lineare Algebra
(**4541**-7) Von R. Müller-Fonfara, W. Scholl, 240 Seiten, 140 zweifarbige Grafiken, Pappband. ●●●●

Mehr Erfolg in der Schule
Mathematik 4
Für die Klassen 11 bis 13
(**4701**-0) Von R. Müller-Fonfara, W. Scholl, 240 Seiten, 91 Zeichnungen, 3 s/w-Fotos, Pappband. ●●●●

Mathematik-Textaufgaben leicht gelöst
Aufgaben · Lösungsstrategien · Anwendungsbeispiele
(**1022**-2) Von R. Müller-Fonfara, 128 Seiten, 4 Zeichnungen, kartoniert. ●●

Rechnen aufgefrischt für Schule und Beruf.
(**0100**-2) Von H. Rausch, 144 S., kartoniert. ●

Besseres Englisch
Grammatik und Übungen für die Klassen 5 bis 10.
(**0745**-0) Von E. Henrichs, 144 S., kart. ●●

Mehr Erfolg in der Schule
Englisch
Textinterpretationen
(**4518**-2) Von E. Heinrichs-Kleinen, 256 S., Pappband. ●●●●

Mehr Erfolg in der Schule
Englische Grammatik
Regeln und Übungen für die Klassen 5 bis 13
(**4431**-3) Von E. Henrichs-Kleinen, 256 S., durchgehend zweifarbig, Pappband. ●●●●

Besseres Französisch
Grammatik und Übungen für die Klassen 9 bis 11
(**1039**-7) Von R. Lübke, 114 S., durchgehend zweifarbig, kartoniert. ●●

Mehr Erfolg in der Schule
Französische Grammatik
Für die Klassen 7 bis 13
(**4703**-7) Von R. Lübke, ca. 256 S., durchgehend zweifarbig, Pappband. ●●●●

Schnell und sicher zum Führerschein
Tips und Tricks aus 30jähriger-Fahrlehrer-Praxis.
(**1232**-2) Von O. Einert, 152 S., 156 Farbfotos, 161 z.T. farb. Zeichnungen, kartoniert. ●●

Die aktuellen Prüfungsfragen und Prüfungsbogen für den Führerschein Klasse 3
(**1490**-2) 104 Seiten, 371 Farbfotos, kart. ●●

Der Test-Knacker bei Führerscheinverlust
(**1262**-4) Von T. Rieh, 128 S., kartoniert. ●●

Erfolgreiche Bewerbung um einen Ausbildungsplatz
(**0715**-9) Von H. Friedrich, 128 S., kartoniert. ●

Bewerbungsstrategien
Erfolgreiche Konzepte für Karrierebewußte
(**1027**-3) Von Dr. W. Reichel, 128 S., kart. ●●

Karriereplanung mit System
Bewerbungsstrategien für Frauen
(**4455**-0) Von R. Ibelgaufts, 144 Seiten, 20 Cartoons, Pappband. ●●

Die Bewerbung
Der moderne Ratgeber für Bewerbungsbriefe, Lebenslauf und Vorstellungsgespräche.
(**4138**-1) Von W. Manekeller, 264 Seiten, Pappband. ●●●

Die erfolgreiche Bewerbung
Bewerbung und Vorstellung
(**0173**-8) Von W. Manekeller, U. Schoenwald, 144 Seiten, kartoniert. ●●

Lebenslauf und Bewerbung
Beispiele für Inhalt, Form und Aufbau
(**0428**-1) Von H. Friedrich, 112 S., kart. ●

Bewerbungsbriefe und Stellengesuche
Für handwerkliche, gewerblich-technische und kaufmännische Berufe
(**0138**-X) Von Dr. W. Reichert, 96 S., kart. ●

Das überzeugende
Vorstellungsgespräch
Erfolgreiche Strategien für den ersten Eindruck
(**1261**-6) Von R. Ibelgaufts, 144 S., kart. ●●

Vorstellungsgespräche
sicher und erfolgreich führen.
(**0636**-5) Von H. Friedrich, 144 Seiten, kart. ●

Einstellungstests und andere
Methoden der Bewerberauswahl
(**1263**-2) Von Dr. R. Hilke, H. Hustedt, 160 S., 27 Zeichnungen, kartoniert. ●●

Keine Angst vor Einstellungstests
Ein Ratgeber für Bewerber.
(**0793**-6) Von Ch. Titze, 120 Seiten, 67 Zeichnungen, kartoniert. ●

Assessment Center
Erfolgstips und Übungen für Bewerber
(**1385**-X) Von H. Beitz und A. Loch, ca. 128 S., kartoniert. ●●

Berufsstart für Hochschulabsolventen
Erfolgsstrategien für Bewerbung und Vorstellung
(**1482**-1) Von Dr. W. Reichel, ca. 144 S., kart. ●●

freundin Ratgeber
Psychoterror am Arbeitsplatz
Mobbing
(**1434**-1) Von B. Huber, 160 S., kartoniert. ●●

freundin Ratgeber
Frau mit Kind
Leitfaden für Alleinerziehende
(**1476**-7) Von G. Teusen, ca. 144 S., kart. ●●

freundin
Kind und Beruf:
(K)ein Problem
(**1322**-1) Von I. Weber, 168 Seiten, 14 Zeichnungen, kartoniert. ●●

freundin Ratgeber
Neu im Job:
So überzeugen Sie
(**1259**-4) Von G. Teusen, 160 S., kart. ●●

Die ersten Tage am neuen Arbeitsplatz
Ratschläge für den richtigen Umgang mit Kollegen und Vorgesetzten
(**0855**-X) Von H. Friedrich, 104 Seiten, kart. ●

Zeugnisse im Beruf
richtig schreiben, richtig verstehen
(**0544**-X) Von H. Friedrich, 112 Seiten, kart. ●

Arbeitszeugnisse
verstehen und interpretieren
(**1444**-9) Von A. Nasemann, 136 S., kart. ●●

So lernt man leicht und schnell
Maschinenschreiben
Lehrbuch für Schulen, Lehrgänge und Selbstunterricht. (**0568**-7) Von M. Kempkes, 112 S., 48 Zeichnungen, kartoniert. ●●

FALKEN-Software
Maschinenschreiben und Tastaturtraining für Computer
(**7009**-8) Von B. Hoppius, Diskette 5 1/4" und 3 1/2" für IBM-PC + Kompatible, mit Begleitheit. ●●●●●*

Leicht und schnell gelernt
Maschinenschreiben im Selbstunterricht
(**0170**-3) Von O. Fonfara, 88 S., kartoniert.●

Buchführung leicht gemacht
Ein methodischer Grundkurs für den Selbstunterricht (**4238**-8) Von D. Machenheimer, R. Kersten, 252 Seiten, Pappband. ●●●●

Buchführung leicht gefaßt
Für Handwerker, Gewerbetreibende und freiberuflich Tätige.
(**0127**-4) Von R. Pohl, 104 S., kartoniert. ●

Stenografie leicht gelernt
im Kurus oder Selbstunterricht
(**0266**-1) Von H. Kaus, 64 S., kartoniert. ●

Gitarre spielen
Ein Grundkurs für den Selbstunterricht
(**0534**-2) Von A. Roßmann, 96 S., 1 Schallfolie, 150 Zeichnungen, kartoniert. ●●●

FALKEN & HOHNER: Workshop Musik
Gitarre spielen
Folk, Blues, Pop, Rock auf der akustischen Gitarre
(**1437**-6) Von W. Ruß, ca. 80 S., Begleit-CD ca. 60 Min. Spieldauer, zahlreiche Illustrationen und Fotos, kartoniert. ●●●●

FALKEN & HOHNER: Workshop Musik
Keyboard spielen
Pop & Rock
Für Anfänger und Wiedereinsteiger
(**1435**-X) Von M. Lonardoni, ca. 80 Seiten, Begleit-CD, ca. 60 Min. Spieldauer, zahlreiche Illustrationen und Fotos, kartoniert. ●●●●

FALKEN & HOHNER: Workshop Musik
Singen
In Chor, Singgruppe und solo
Für Anfänger und Wiedereinsteiger
(**1436**-8) Von W. Layer, ca. 80 S., Begleit-CD ca. 60 Min. Spieldauer, zahlreiche Illustrationen und Fotos, kartoniert. ●●●●

Faszinierendes Erlebnis
Tierwelt
(**4706**-1) Von U. und W. Dolder, 196 Seiten, 314 Farbzeichnungen, Pappband. ●●●●

Das große Buch der
Antworten auf Kinderfragen
(**4477**-1) Von H. Hofmann, Ü. Kopp, G. Jankovics u.a., 192 Seiten, 308 Farbzeichnungen, Pappband. ●●●

FALKEN LEXIKON
Das Wissen unserer Zeit
(**4736**-3) Hrsg. Lexikographisches Institut, 1008 Seiten, 681 Farbfotos, 1142 Farbzeichn., Pappband. ●●●●

Das neue, farbige
Jugendlexikon
(**4472**-0) Von J. Frey, D. Rex, 304 Seiten, 269 und 52 s/w-Fotos, 6 Farbzeichnungen, Pappband. ●●●●

Das große farbige Kinderlexikon
(**4195**-0) Von U. Kopp, 320 S., 493 Farbabbildungen, 17 s/w-Fotos, Pappband. ●●●●

Kinder-Überraschung
(**1499**-6) Von M. Semmel, ca. 80 Seiten, durchgehend vierfarbig, kartoniert. ●●

Briefmarken sammeln
(**0481**-8) Von D. Stein, 120 S., 4 Farbtafeln, 98 s/w-Abbildungen, kartoniert. ●

Telefonkartenlexikon für Sammler
(**1406**-6) Von M. Burzan, ca. 160 Seiten, zahlreiche Farbabbildungen, kartoniert. ●●●

Telefonkarten sammeln
Serien · Preise · Sammeltips
(**1326**-4) Von M. Burzan, 128 S., 251 Farbfotos, kartoniert. ●●

Die Handschrift als Spiegel des Charakters
Graphologie
(**1025**-7) Von Dr. W. Busch, 104 S., 87 Schriftproben, kartoniert. ●

Familienforschung · Ahnentafel · Wappenkunde
Wege zur eigenen Familienchronik
(**0744**-2) Von P. Bahn, 128 S., 8 Farbtafeln, 30 Abbildungen, kartoniert. ●●

Familienforschung und Wappenkunde
(**4485**-2) Von P. Bahn, 224 S., 114 zweifarbige Abbildungen, Pappband. ●●●●

freundin Ratgeber
Frauen allein auf Reisen
(**1260**-8) Von H. Guilino, 192 S., 7 Zeichnungen, kartoniert. ●●

Brain Building
Das Supertraining für Gedächtnis, Logik, Kreativität
(**4704**-5) Von M. vos Savant, 256 Seiten, Pappband. ●●●

Traumdeutung
Die Bildersprache unserer Traumwelt
entschlüsseln
(**4486**-0) Von G. Fink, 384 Seiten, 74 zweifarbige Fotos, Pappband. ●●●●

Kinderträume
Ein Ratgeber für Eltern
(**4505**-0) Von G. Fink, 176 S., 6 s/w-Zeichnun-
gen, Pappband. ●●●

Wahrsagen
mit den Karten der Madame Lenormand
(**1328**-0) Von B. A. Mertz, 108 Seiten, 39 s/w-
Abbildungen, kartoniert. ●●

Die 12 Tierzeichen
Chinesisches Horoskop
(**0423**-0) Von G. Haddenbach, 88 Seiten,
kartoniert. ●

Partnerschaftshoroskop
Glück und Harmonie mit Ihrem Traumpartner.
(**0587**-3) Von G. Haddenbach, 112 Seiten,
11 Zeichnungen, kartoniert. ●

Im Zeichen der Sterne
(**0951**-8) Der feurige Widder
(**0952**-6) Der willensstarke Stier
(**0953**-4) Die vielseitigen Zwillinge
(**0954**-2) Der feinfühlige Krebs
(**0955**-0) Der königliche Löwe
(**0956**-9) Die zuverlässige Jungfrau
(**0957**-7) Die charmante Waage
(**0958**-5) Der leidenschaftliche Skorpion
(**0959**-3) Der temperamentvolle Schütze
(**0960**-7) Der treue Steinbock
(**0961**-5) Der selbstbewußte Wassermann
(**0962**-3) Die romantischen Fische
Von G. Haddenbach, 64 Seiten, 35 Farbfotos,
Pappband. ●

Das neue FALKEN
Computerlexikon
(**4356**-2) Von Dr. B. Kopp, 336 S., 121 s/w-
Fotos, 184 Computergrafiken, Pappbd. ●●●●

Computer-Grundwissen
Eine Einführung in Funktion und Einsatzmög-
lichkeit
(**4359**-7) Von Chr. T. Wolff, 176 S., 182 Farbfotos, kartoniert. ●●●●
(**4358**-9) Pappband. ●●●●

Der PC
(**4732**-0) Von U. u. H. Freund, 336 Seiten,
386 Farbfotos, Pappband. ●●●●●

freundin
Das Computerbuch für Frauen
(**4372**-4) Von M. Thiel, 176 S., 102 Farbfotos,
73 Zeichnungen, Pappband. ●●●●

**Desktop Publishing: Typografie und
Layout** Seiten gestalten am PC · für Einstei-
ger und Profis
(**4330**-9) Von Dr. H. D. Baumann, M. Klein,
320 S., zahlreiche zweifarbige Abbildungen,
Pappband. ●●●●●

PC HELP!
Wissenschaftliche Texte mit Word 5.5
(**4360**-0) Von P. Vogel, 80 S., 34 zweifarbige
Screenshots, kartoniert. ●●

PC HELP!
**Praktische Computernutzung
mit Works 2.0**
(**4369**-4) Von A. Görgens, 72 Seiten, 64 zweifarbige Screenshots, kartoniert. ●●

PC HELP!
DFÜ mit dem PC
(**4370**-8) Von M. Hofmann, 88 Seiten,
41 zweifarbige Screenshots, kartoniert. ●●

PC HELP!
Zeichnen mit dem PC
(**4361**-9) Von M. Hofmann, 88 S., 57 zweifarbige Screenshots, kartoniert. ●●

PC HELP!
Präsentation mit dem PC
(**4368**-6) Von M. Hofmann, 96 S., 47 zweifarbige screenshots, kartoniert. ●●

PC HELP!
CONFIG. SYS. und AUTOEXEC. BAT
Optimale Systemkonfiguration
(**4338**-4) Von A. Görgens, 64 S., ca. 50 s/w-
Abbildungen und Grafiken, kartoniert. ●●

PC HELP!
DOS-Kommandos richtig nutzen
(**4339**-2) Von A. Görgens, 64 S., ca. 50 s/w-
Abbildungen und Grafiken, kartoniert. ●●

PC HELP!
Die ersten Schritte mit dem PC
(**4344**-9) Von P. Vogel, H. Ebsen, 64 S.,
ca. 50 s/w-Abb. und Grafiken, kartoniert. ●●

PC HELP!
Mehr Speicher unter DOS nutzen
(**4345**-7) Von K. O. Kuhl, 64 S., ca. 50 s/w-
Abbildungen und Grafiken, kartoniert. ●●

PC HELP!
Viren erkennen und beseitigen
(**4346**-5) Von M. Hofmann, 64 S., ca. 50 s/w-
Abbildungen und Grafiken, kartoniert. ●●

DTP-Lexikon für die Praxis
(**4373**-2) 136 S., 55 s/w-Fotos, kart. ●●●

Gestalten mit Pagemaker für Windows
(**4375**-9) Von M. Hofmann, R. Titius, 116 S.,
53 zweifbg. screenshots, kartoniert. ●●●

Präsentationsprogramme richtig nutzen
(**4376**-7) Von M. Hofmann, 96 S., 60 zweifarbige screenshots, kartoniert. ●●

Datenaustausch 1
(**4378**-3) Von M. Hofmann, 104 Seiten,
63 zweifarbig. screenshots, kartoniert. ●●

Datenaustausch 2
(**4379**-1) Von M. Hofmann, 96 S., 34 zweifarbige screenshots, kartoniert. ●●

Update
MS-DOS 6.0
Beilage: Kurzreferenz
(**4385**-6) Von M. Hofmann, 136 S., 55 s/w-
Fotos, kartoniert. ●●●

PC-Pannen selbst beheben
Hardware · Software
(**4383**-X) Von M. Hofmann, 144 S., kart. ●●●

Windows für Workgroups
(**4381**-3) Von P. Vogel, 80 S., 40 Screenshots,
kartoniert. ●●

Essen und Trinken

Rezepte für 1 Person
(**1294**-2) Hrsg. M. Sauerborn, 64 S., 75 Farbfotos, kartoniert. ●

Schnell und individuell
Die raffinierte Single-Küche
(**4266**-3) Von F. Faist, 160 S., 151 Farbfotos,
Pappband. ●●●●

Frischer Fang aus Fluß und Meer
Fisch
(**0964**-X) Von L. Grieser, 48 S., 52 Farbfotos,
Pappband. ●●

Fischgerichte
(**1448**-1) Hrsg.: S. Koch, 64 S., ca. 50 Farbfotos, kartoniert. ●

Zart und edel
Lachs
(**1403**-1) Von H. Imhof, 64 S., 49 Farbfotos,
Pappband. ●●

Geflügelgerichte
(**1348**-5) Hrsg. E. Meyer zu Stieghorst, 64 S.,
71 Farbfotos, kartoniert. ●

Gaumenfreuden Tag für Tag
Pfannengerichte
(**1007**-9) Von S. Fabke, 64 S., 54 Farbfotos,
Pappband. ●●

Köstliches für Genießer
Fleischgerichte
(**4699**-5) Von F. Stein, 144 S., ca. 100 Farbfotos, gebunden. ●●●

Schnitzel, Steaks & Co.
(**1417**-1) Von N. Frank, 64 Seiten, 68 Farbfotos, kartoniert. ●

Köstliches aus dem Tontopf
(**1332**-9) Hrsg. S. Kieslich, 64 Seiten, 55 Farbfotos, kartoniert. ●

Suppen und Eintöpfe
(**1449**-X) Hrsg.: S. Koch, 64 S., ca. 50 Farbfotos, kartoniert. ●

Aus eigener Küche
Gute Wurst
(**0948**-8) Von J. Bessel, G. Quaas, 80 Seiten,
8 Farbtafeln, kartoniert. ●

Aus lauter Lust und Liebe
Knoblauch
(**0867**-8) Von L. Reinirkens, 64 S., 45 Farbfotos, Pappband. ●●

Bintje, Irmgard und Sieglinde
Kartoffeln
(**1032**-X) Von S. Fabke, 64 S., 43 Farb- und
1 s/w-Foto, Pappband. ●

Kartoffelgerichte
(**1297**-7) Hrsg. I. Feldhaus, 64 S., 64 Farbfotos, kartoniert. ●

Nudelgerichte
(**1293**-4) Hrsg. E. Fuhrmann, 64 S., 66 Farbfotos, kartoniert. ●

Pasta in Höchstform
Nudeln
(**0884**-8) Von M. Kirsch, 64 S., 62 Farbfotos,
Pappband. ●●

Spezialitäten unter knuspriger Decke
Aufläufe
(**0882**-1) Von C. Adam, 48 S., 33 Farbfotos,
Pappband. ●●

Aufläufe
(**1295**-0) Hrsg. E. Fuhrmann, 64 S., 62 Farbfotos, kartoniert. ●

Die Kronung der feinen Küche
Saucen
(**0817**-X) Von G. Cavestri, 48 S., 40 Farbfotos,
Pappband. ●●

Gemüsegerichte
(**1347**-7) Hrsg. E. Fuhrmann, 64 S., 58 Farbfotos, kartoniert. ●

Gemüseaufläufe
(**1365**-5) Hrsg. E. Fuhrmann, 64 S., 58 Farbfotos, kartoniert. ●

Die schönsten Rezepte für
Frühstück und Brunch
(**1063**-X) Von K. Kruse-Schorling, 80 Seiten,
8 Farbtafeln, kartoniert. ●

Schnelle Küche
Für 2 Personen
(**4718**-5) freundin-Kochstudio, 80 Seiten,
105 Farbf., Pappband. ●●

Kochen auf der richtigen Welle im
Grill-Mikrowellengerät
(**1395**-7) Von T. Peters, 96 S., 79 Farbfotos,
kartoniert. ●●

Fritieren
(**1350**-7) Hrsg. I.Teitge, 64 S., 62 Farbf., kart. ●

Schnell auf den Tisch gezaubert
Kochen mit Mikrowellen
(**0818**-X) Von A. Danner, 64 S., 52 Farbfotos,
Pappband. ●

Italienische Vorspeisen **Antipasti**
(**1006**-0) Von S. Reiter-Westphal, 64 Seiten,
47 Farbfotos, Pappband. ●●

Mexikanische Küche
(**1439**-2) Von C. Zingerling, 64 S., ca. 50 Farbfotos, kartoniert. ●

Italienische Küche
(**1299**-3) Hrsg. E. Fuhrmann, 64 S., 65 Farbfotos, kartoniert. ●

Schlemmerreise durch die
Italienische Küche
(**4172**-1) Von V. Pifferi, 160 S., 109 Farbfotos,
Pappband. ●●●●

Spaghetti, Tagliatelle + Co.
Pasta all'Italiana
(1004-4) Von I. Seyric, 64 S., 57 Farbfotos,
Pappband. ●●

Pizza
(1352-3) Hrsg. M. Sauerborn, 64 S., 72 Farbfotos, kartoniert. ●

Tradition mit Charme
Wiener Spezialitäten
(1343-4) Von G. Scolik, 64 S., 46 Farbfotos,
Pappband. ●●

Schlemmerreise durch die
Französische Küche
(4296-5) Von H. Imhof, 160 S., 147 Farbfotos,
3 s/w-Fotos, Pappband. ●●●●

Schlemmerreise durch die
Spanische Küche
(4500-X) Von A. Puente, 160 S., ca. 120 Farbfotos, Pappband. ●●●●

Vom Bosporus zum Ararat
Türkische Spezialitäten
(1191-1) Von S. Dogan, 64 S., 44 Farbfotos,
Pappband. ●●

Indische Küche
(1404-X) Von C. Zingerling, 64 S., 64 Farbfotos, kartoniert. ●

Schlemmerreise durch die
Thailändische Küche
(4722-3) Von C. Zingerling, 144 Seiten,
164 Farbfotos, Pappband. ●●●

Köstlich fernöstlich
Asiatische Spezialitäten
(1286-1) Von M. Carroll, E. Mognol, 64 S.,
49 Farbfotos, Pappband. ●●

Chinesische Küche
(1289-6) Hrsg. M. Sauerborn, 64 S., 73 Farbfotos, kartoniert. ●

Schlemmerreise durch die
Chinesische Küche
(4184-5) Von K. H. Jen, 160 S., 117 Farbfotos,
Pappband. ●●●

Gerichte aus dem
Wok
(1291-8) Hrsg. M. Sauerborn, 64 S., 76 Farbfotos, kartoniert. ●

Mit Lust und Liebe **Chinesisch Kochen**
(4441-0) Von Ho Fu-Lung, Uli Franz,
176 Seiten, 189 Farbfotos, 29 Zeichnungen,
Pappband. ●●●

Fernöstliche Küche
(1384-1) Hrsg. R. Faller, 64 S., 73 Farbfotos,
kartoniert. ●

Rezepte für Tisch- und Gartengrill
(1351-3) Hrsg. V. Müller, 64 S., 59 Farbfotos,
kartoniert. ●

Braten auf dem heißen Stein
(1300-0) Hrsg. R. Donhauser, 64 S., 56 Farbfotos, kartoniert. ●

**Rezepte rund um Raclette und
Doppeldecker**
(0420-6) Von J.W. Hochscheid, 72 S., 8 Farbtafeln, kartoniert. ●

Schlemmen in geselliger Runde
Fleischfondues
(0966-6) Von M. Spötter, 64 S., 62 Farbfotos,
Pappband. ●●

Fondues und Raclettes
(4253-1) Von F. Faist, 160 S., 125 Farbfotos,
Pappband. ●●●●

Fondues
(1298-5) Hrsg. E. Meyer zu Stieghorst, 64 S.,
69 Farbfotos, kartoniert. ●

Rezepte fürs Raclette
(1290-X) Hrsg. S. Kieslich, 64 Seiten, 59 Farbfotos, kartoniert. ●

Raclette-Spezialitäten
(0881-3) Von F. Faist, 48 S., 33 Farbfotos,
Pappband. ●

Knackige Salate
(1441-4) Hrsg.: S. Kieslich, 64 S., ca. 50 Farbfotos, kartoniert. ●

Gartenfrisch genießen
Feine Salate
(4450-X) Von P. Nikolay, 160 S., 122 Farbfotos, Pappband. ●●●●

Köstliche Salate
zum Verwöhnen
(0222-X) Von Chr. Schönherr, 96 S., 8 Farbtafeln, 30 Zeichnungen, kartoniert. ●●

Salate
(1346-9) Hrsg. E. Furhmann, 64 S., 62 Farbfotos, kartoniert. ●

Frisch und leicht als Hauptgericht
Schlemmersalate
(0934-8) Von C. Adam, 64 S., 49 Farbfotos,
Pappband. ●●

Gesund und vielseitig **Alles mit Joghurt**
täglich selbstgemacht, mit vielen Rezepten
(0382-6) Von G. Volz, 64 S., 8 Farbtafeln,
kartoniert. ●

Marmeladen, Gelees und Kompotte
(1442-2) Hrsg.: F. Stein, 64 S., ca. 50 Farbfotos, kartoniert. ●

Gesunde Ernährung für mein Kind
(0776-9) Von M. Bustorf-Hirsch, 112 Seiten,
8 Farbtafeln, 5 s/w-Zeichnungen,
kartoniert. ●

Eßschule
Gesunde Ernährung für Kinder im Grundschulalter
(1314-0) Von A. Roßmeier, 80 Seiten,
44 Farbfotos, 50 farbige Vignetten, Pappband. ●●

Lieblingsgerichte für Kinder
Mit Sonderteil: Gesunde Kost für Babys ab
6 Monaten
(4497-6) Von G. Righi-Spanfellner, 112 S.,
27 Farbzeichnungen, Pappband. ●●●

Das essen Kinder gern
(1405-8) Hrsg. S. Faust, 64 S., 80 Farbfotos,
kartoniert. ●

Mit Lust und Liebe . . .
Vollwertküche für Genießer
(4412-4) Von Prof. Dr. C. Leitzmann,
H. Million, 256 Seiten, 329 Farbfotos,
Pappband. ●●●●

Vegetarisch kochen und genießen
Alle Gerichte für 2 Personen
(4715-0) Von Prof. Dr. C. Leitzmann,
K. Dittrich, U. G. Kurz, 128 S., 132 Farbfotos,
Pappband. ●●●●

Das große FALKEN
Vitaminkochbuch
für Genießer
(4714-2) Von Prof. Dr. troph. M. Hamm,
A. Roßmeier, 208 S., 224 Farbfotos,
Pappband. ●●●●

**Schmackhafte Vollwertkost ohne
tierisches Eiweiß**
(0993-3) Von M. Bustorf-Hirsch, 96 Seiten,
54 Farbfotos, kartoniert. ●

Cholesterinarm kochen und genießen
(4442-6) Von R. Unsorg, 168 S., 132 Farbfotos, kartoniert. ●●●●

Die aktuelle **Cholesterintabelle**
(1088-5) Von Dr. H. Oberritter, 84 Seiten,
12 zweifarbige Grafiken, kartoniert. ●

**Die aktuelle Vitamin- und
Mineralstofftabelle**
Mit Angaben zu den wichtigsten Vitaminen
und Mineralstoffen
(1110-5) Von Dr. H. Oberritter, 88 Seiten,
1 zweifarbige Grafik, kartoniert. ●

Die aktuelle E-Zusatzstoff-Tabelle
Über 750 Angaben zu Herkunft, Verwendung
und möglichen Nebenwirkungen
(1233-0) Von T. Pilgram, E. Dahl, 80 Seiten,
zweifarbig, kartoniert. ●

Vollwertküche für Diabetiker
Köstlich kochen und backen für die ganze
Familie
(4473-9) Von Prof. Dr. C. Leitzmann, Prof. Dr.
H. Laube, H. Million, 168 S., 172 Farbfotos,
8 Zeichnungen, Pappband. ●●●●

Kochen und backen für Diabetiker
Gesund und schmackhaft für die ganze
Familie
(4467-4) Von Dr. med. M. Toeller, W. Schu-
macher, A. Groote, Dr. troph. A. Klischan,
176 S., 182 Farbfotos, Pappband. ●●●●

Die Sojaküche
Gesund und abwechslungsreich essen
(0553-9) Von U. Kolster, 80 S., 8 Farbtafeln,
kartoniert. ●

Gesund kochen mit Keimen und Sprossen
(0794-9) Von M. Bustorf-Hirsch, 96 S., 4 Farbtafeln, 13 s/w-Zeichnungen, kartoniert. ●

Waffeln
Hörnchen, Pfannkuchen und Crèpes
(0522-9) Von C. Stephan, 64 S., 8 Farbtafeln,
kartoniert. ●

Waffeln
(1296-9) Hrsg. L. Steiger, 64 S., 73 Farbfotos,
kartoniert. ●

Fruchtige Pfannkuchen und Crèpes
(1446-5) Von S. Fabke, 64 S., ca. 50 Farbfotos, kartoniert. ●

Mehr Freude und Erfolg beim
Brotbacken
(4148-9) Von A. und G. Eckert, 160 Seiten,
177 Farbfotos, Pappband. ●●●●

Meine Vollkornbackstube
Brot · Kuchen · Aufläufe. **(0616**-0) Von
R. Raffelt, 96 S., 4 Farbtafeln, 12 Zeich-
nungen, kartoniert. ●

Mit Honig, Nuß und Mandelkern
Weihnachtsplätzchen
(1287-X) Von M. Jaacks, 64 S., 48 Farbfotos,
Pappband. ●●

Backen ohne Zucker
(1234-9) Von H. Erkelenz, 80 S., 8 Farbtafeln,
kartoniert. ●

Süße Geheimnisse eiskalt gelüftet
Eis und Sorbets
(0870-8) Von H. W. Liebheit, 48 S., 38 Farbfotos, Pappband. ●●

Haltbarmachen in der Öko-Küche
Gesunde Konservierungsmethoden für Obst,
Gemüse, Kräuter und Pilze. **(0923**-2) Von
M. Bustorf-Hirsch, 120 S., 92 Farbabbildun-
gen, kartoniert. ●●

Komm, koch und back mit mir
Kunterbuntes Kochvergnügen für Kinder.
(4285-X) Von S. und H. Theilig, illustriert von
B. v. Hayek, 112 S., 45 Farbabbildungen,
Pappband. ●●

Lieblingsgerichte für Kinder
Kerngesund und kunterbunt
(4497-6) Von G. Righi-Spanfellner, 112 Seiten,
27 Farbzeichnungen, Pappband. ●●●

Lirum, larum, Löffelstiel . . .
Kinder kochen mit Knuddel
(1094-X) Von U. Bültjer, 80 S., 27 zweifarbige
Zeichnungen, kartoniert. ●

Backe, backe Kuchen . . .
Kinder backen mit Knuddel
(1301-9) Von U. Bültjer, 64 S., 34 Farbfotos,
60 Farbzeichn., kartoniert. ●

Mit Lust und Liebe
Garnieren und Verzieren
Dekoratives zu vielen Anlässen
(4496-8) Von M. Müller, E. Pratsch, H. Krieg,
160 Seiten, ca. 100 Farbfotos,
Pappband. ●●●

Mit Lust und Liebe **Kalte Platten & Buffets**
Anrichten und Garnieren
(4427-5) Von P. Grotz, 176 S., 228 Farbfotos,
Pappband. ●●●●

Köstliches ganz leicht gezaubert
Raffinierte Rezepte rund um den Stabmixer
(**1453**-8) Von U. Kochendörfer, 96 Seiten, 84 Farbfotos, kartoniert. ●●

Garnieren und Verzieren
(**4236**-1) Von R. Biller, 160 S., 329 Farbfotos, 57 Zeichnungen, Pappband. ●●●●

Köstlichkeiten für Gäste und Feste
Kalte Platten
(**4200**-0) Von I. Pfliegner, 160 S., 130 Farbfotos, Pappband. ●●●●

Sandwich, Toasts & Co.
(**1331**-0) Von F. Faist, 64 Seiten, 62 Farbfotos, kartoniert. ●

Quiches, Tartes
und andere pikante Kuchen
(**1407**-4) Hrsg. I. Teitge, 64 S., 70 Farbf., kart. ●

freundin
Snacks
(**4521**-2) Von V. Müller, 80 S., 87 Farbfotos, Pappband.●●●

Kochen und backen mit Käse
(**1451**-1) Hrsg.: F. Stein, 64 S., ca. 50 Farbfotos, kartoniert. ●

Raffiniert kombiniert, schön dekoriert
Käseplatten
(**1192**-X) Von S. Carlsson, 64 S., 57 Farbfotos, Pappband.●●

FALKEN
Festival der schön gedeckten Tische
(**4738**-X) Von A. F. Endress, 204 S., 116 Farbfotos, 83 Farbzeichnungen, Pappbd. ●●●●

Der perfekt gedeckte Tisch
(**1028**-1) Von H. Tapper, 80 S., 161 Farbfotos, 13 Zeichnungen, kartoniert. ●●

Der schön gedeckte Tisch
Vom einfachen Gedeck bis zur Festtafel stimmungsvoll und perfekt arrangiert.
(**4246**-1) Von H. Tapper, 112 S., 206 Farbfotos, 21 s/w-Abbildungen, Pappband. ●●●

Servietten falten
80 Ideen für schön gedeckte Tische
(**1042**-7) Von M. Müller, O. Mikolasek, 80 S., 289 Farbfotos, 50 Zeichnungen, kart. ●●

Phantasievolle Tischdekorationen selber machen
(**0984**-4) Von Y. Thalheim, H. Nadolny, 80 S., 174 Farbfotos, 21 Zeichnungen, kart. ●●

Servietten dekorativ falten
Geschmackvolle Anregungen aus Stoff und Papier. (**0804**-X) Von H. Tapper, 32 Seiten, 134 Farbfotos, Pappband. ●

Weine und Säfte, Liköre und Sekt
selbstgemacht.
(**0702**-7) Von P. Arauner, 232 S., 76 Abb., kartoniert. ●●

Was Weinfreunde wissen wollen
Fragen und Antworten rund um den Wein
(**1224**-1) Von Prof. Dr. K. Röder, H.-G. Dörr, ca. 224 Seiten, kartoniert. ●●

FALKEN Mixbuch
(**4733**-9) Hrsg. P. Bohrmann, 560 Seiten, 227 Farbfotos, Pappband. ●●●

Vitamindrinks
(**1408**-2) Von H. Reith, W. Hubert, 64 Seiten, 68 Farbfotos, kartoniert. ●

Köstlich, cremig, sahnig, frisch
Mixen mit Milch
(**1151**-2) Von S. Carlsson, 64 S., 45 Farbfotos, Pappband.●

Milchmixgetränke
(**1450**-3) Von S. Carlsson, 64 S., ca. 50 Farbfotos, kartoniert. ●

Cocktails und Drinks
(**1292**-6) Hrsg. S. Kieslich, 64 S., 70 Farbfotos, kartoniert. ●

Bowlen und Punsche
(**1447**-3) Hrsg.: F. Brandl, 64 S., ca. 50 Farbfotos, kartoniert. ●

Fruchtig, spritzig, eisgekühlt
Mixen ohne Alkohol
(**0935**-6) Von S. Späth, 64 S., 44 Farbfotos, Pappband. ●●

Longdrinks
(**1345**-0) Hrsg. E. Meyer zu Stieghorst, 64 S., 79 Farbfotos, kartoniert. ●

Light Drinks
Mixen mit und ohne Alkohol
(**1222**-5) Von S. Edelberg, Heike Reith, 64 S., 48 Farbfotos, Pappband. ●●

Cocktails
(**4267**-1) Von W. R. Hoffmann, W. Hubert, U. Lottring, 160 S., 164 Farbfotos, 1 s/w-Foto, Pappband. ●●●●

Cocktails und Mixereien
für häusliche Feste und Feiern. (**0075**-8) Von J. Walker, 96 S., 4 Farbtafeln, kartoniert. ●

Das Fitmacher-Kochbuch
(**4698**-7) Von Prof. Dr. troph. M. Hamm, 112 S., ca. 100 Farbfotos, gebunden. ●●●

Schlank und gesund nach Dr. Hay
Schnelle Trennkostküche
(**4746**-0) Von H. Harper, 80 S., ca. 80 Farbfotos, kartoniert. ●●

Schlank werden nach Dr. Hay **Trennkost**
Die bewährten Vollwert-Rezepte von Ursula Summ. (**4298**-1) Von U. Summ, 96 Seiten, 54 Farbfotos, 1 Zeichnung, kartoniert. ●●

Das große Buch der Trennkost
Neue Rezepte von Ursula Summ
(**4498**-4) Von U. Summ, 144 S., ca. 100 Farbfotos, Pappband. ●●●

Gesund leben nach Dr. Hay
Cholesterinarme Trennkost
Neue Vollwert-Rezepte von Ursula Summ
(**4475**-5) Von U. Summ, 96 Seiten, 52 Farbfotos, kartoniert. ●●

Die neue Trennkost
(**4685**-5) Von U. Summ, 96 Seiten, 71 Farbfotos, kartoniert. ●●●

Das kleine 1 x 1 der Trennkost
(**1428**-7) Von S. Carlsson, 64 S., ca. 50 Farbfotos, kartoniert. ●

Schlank nach Maß
mit der Diät-Computerwaage
(**1064**-8) Von K. Alisch, 104 S., 8 Farbtafeln, kartoniert. ●

Gesundes Essen für Berufstätige
Die 4-Wochen-Vollwertkur (**1065**-6) Von M. Weber, ca. 80 S., 8 Farbtafeln, kart. ●

Garten

FALKEN Gartenjahr
(**4730**-4) Von K. Greiner, A. Weber, P. Michaeli-Achmühle, 320 Seiten, 380 Farbabbildungen, Pappband. ●●●●

Garten heute
Der moderne Ratgeber · Über 1000 Farbbilder. (**4283**-3) Von H. Jantra, 384 S., über 1000 Farbabbildungen, Pappband. ●●●●

Helmut Jantras Gartenbuch
Obst · Gemüse · Blumen
(**4522**-0) Von H. Jantra, 200 S., 395 Farbfotos, 123 Farbzeichnungen, 25 Tabellen, Pappband. ●●

1000 ganz bewährte Garten-Tips
(**4453**-4) Von H. Jantra, 320 S., 288 zweifbg. und 62 s/w-Zeichn., , Pappband. ●●●

Obst, Gemüse, Blumen, Gras
Gärtnern macht den Kindern Spaß
(**4517**-4) Von U. Krüger, 96 S., 85 Farbfotos, 180 Farbzeichnungen, Pappband. ●●

Rosen
(**4692**-8) Von H. Steinhauer, ca. 144 S., zahlr. Farbabbildungen Pappband. ●●●●

Rosen
Auswahl · Pflege · Gestaltung
(**1183**-0) Von H. Jantra, 120 S., 200 Farbfotos, 20 Farbzeichnungen, 8 Bepflanzungspläne, kartoniert. ●●

Bunte Pracht der Stauden
Auswahl · Pflege · Gestaltung
(**1376**-0) Von H. Jantra, 112 S., 167 Farbabbildungen, kartoniert. ●●

Erfolgstips für den Obstgarten
Gesunde Früchte durch richtige Sortenwahl und Pflege
(**0827**-9) Von F. Mühl, 184 S., 16 Farbtafeln, 33 Zeichnungen, kartoniert. ●●

Erfolgstips für den Gemüsegarten
Mit naturgemäßem Anbau zu höherem Ertrag. (**0674**-8) Von F. Mühl, 80 Seiten, 30 s/w-Fotos, 4 Zeichnungen, kartoniert. ●●

Obstgehölze sachgemäß schneiden
(**1127**-X) Von P. G. Wilhelm, 136 Seiten, 8 s/w-Abb., 367 Zeichnungen, kart.●●

Kompost im Hausgarten
herstellen und anwenden
(**1258**-6) Von H. Abels, J. Jöstingmeier, ca. 30 zweifarbige Zeichnungen, kart. ●

Der naturgemäße Zier- und Wohngarten
Anlegen · Gestalten · Pflegen
(**0748**-5) Von I. Gabriel, 128 S., 72 Farbfotos, 46 Farbzeichnungen, kartoniert. ●●

Natürlich gärtnern unter Glas und Folie
Anbauen und ernten rund ums Jahr
(**0722**-1) Von I. Gabriel, 128 S., 62 Farbfotos, 45 Farbzeichnungen, kartoniert. ●●

Nützliche Tiere im Garten
(**1472**-4) Von I. Polaschek, ca. 112 Seiten, ca. 120 Farbf., ca. 10 Farbzeichn., kartoniert. ●●

Schneckenbekämpfung
giftfrei und naturgemäß
(**1378**-7) Von B. Meyer, Y. Thalheim, 64 S., 25 s/w-Zeichnungen, 8 Farbtafeln, kart. ●●

Dekorative Kübelpflanzen
Auswahl und Pflege
(**1074**-5) Von H. Jantra, 112 S., 180 Farbfotos, 35 Farbzeichnungen, kartoniert. ●●

Blütenpracht auf Balkon und Terrasse
(**0928**-3) Von M. Haberer, 88 S., 139 Farbfotos, kartoniert. ●●

Moderne Gartengestaltung
(**1255**-1) Von K. Greiner, A. Weber, 128 S., mit Rasterbogen und Planelementen zum Ausschneiden, ca. 120 Farbfotos, ca. 20 vierfarbige Pläne, kartoniert. ●●●

Gestaltungsideen für
Schöne Gärten
(**4482**-8) Von H. Jantra, 168 S., 309 Farbfotos, 3 s/w-Fotos, , Pappband. ●●●●●

Der pflegeleichte Hausgarten
(**1170**-9) Von H. Jantra, 112 S., vierfarbige Abbildungen, kartoniert. ●●

Schöne Kräutergärten
(**1256**-X) Von H. Jantra, 112 S., vierfarbige Abbildungen, kartoniert. ●●

Kleingärten
Planen · Anlegen · Pflegen
(**1015**-X) Von H. Jantra, 88 S., 123 Farbfotos, 1 s/w-Foto, 14 Farbzeichnungen, , kart. ●●

Reihenhausgärten
Planen · Anlegen · Pflegen
(**1016**-8) Von H. Jantra, 104 S., 134 Farbfotos, 45 Farbzeichnungen, kartoniert. ●●

Kletterpflanzen
Mit Sonderteil Dachbegrünung
(**4546**-8) Von U. Mehl, K. Werk, 128 S., ca. 150 Farbfotos, farbige und s/w-Zeichnungen, Pappband. ●●●●●

Steingärten Wirkungsvoll gestalten und sachgerecht pflegen
(**4452**-6) Von A. Throll-Keller, 128 Seiten, 203 Farbfotos, 56 Farbzeichnungen, Pappband. ●●●●

Gartenteiche, Tümpel und Weiher
naturnah anlegen und pflegen
(1073-7) Von Dr. F. Liedl, H. Goos, 80 Seiten,
87 Farbfotos, 39 Farbzeichnungen, kart. ●●

Wasser im Garten
Von der Vogeltränke zum Naturteich ·
Natürliche Lebensräume selbst gestalten.
(4230-2) Von H. Hendel, P. Keßeler, 240 S.,
315 Farbabb., 11 s/w-Fotos, Pappband.
●●●●●

Pflanzen und Tiere für den Gartenteich
(1171-7) Von W. Costa, 128 S., 169 Farbfotos,
40 Farbzeichnungen, 8 Bepflanzungspläne,
kartoniert. ●●

Gestaltungsideen für den Wohngarten
Sitzplätze, Terrassen, Höfe und andere grüne
Räume
(4751-7) Von H. Jantra, ca. 120 Seiten,
ca. 100 Farbfotos und -zeichnungen,
gebunden. ●●●●

Wintergärten
Das Erlebnis, mit der Natur zu wohnen.
Planen, Bauen und Gestalten.
(4256-6) Von LOG ID, 136 S., 130 Farbfotos,
107 Farbzeichnungen, Pappband. ●●●●●

Rund ums Jahr erfolgreich gärtnern
Gewächshäuser
planen · bauen · einrichten · nutzen
(4408-9) Von Dr. G. Schoser, J. Wolff, 232 S.,
368 Farbabb., 5 s/w-Fotos, Pappbd. ●●●●●

Das moderne Handbuch **Zimmerpflanzen**
(4416-X) Von H. Jantra, 304 S., 766 Farbfotos,
64 Farb- und 19 s/w-Zeichnungen,
Pappband. ●●●●

**365 Erfolgstips für schöne Zimmer-
pflanzen**
(0893-X) Von H. Jantra, 144 S., 215 Farbfotos,
kartoniert. ●●

Dekorative Blattpflanzen
Auswahl und Pflege
(1128-8) Von H. Jantra, 128 S., 198 Farbfotos,
20 Farbzeichnungen, kartoniert. ●●

Arbeitskalender für Zimmergärtner
(1473-2) Von H. Jantra, 112 Seiten, ca. 120
Farbfotos, kartoniert. ●●

Prof. Stelzers grüne Sprechstunde
Gesunde Zimmerpflanzen
Krankheiten erkennen und behandeln.
Mit neuem Diagnosesystem.
(4274-4) Von Prof. Dr. G. Stelzer, 192 Seiten,
410 Farbfotos, 10 s/w-Zeichnungen,
Pappband. ●●●●

Hydrokultur
Pflanzen ohne Erde – mühelos gepflegt.
(0944-5) Von H.-A. Rotter, 144 S., 167 Farbfotos, 13 Farbzeichnungen, kartoniert. ●●

Gesunde Pflanzen in
Hydrokultur
(1257-8) Von H.-A. Rotter, 80 Seiten,
ca. 60 s/w-Zeichnungen, 8 Farbtafeln,
kartoniert. ●

Bonsai Japanische Miniaturbäume und
Miniaturlandschaften. Anzucht, Gestaltung
und Pflege.
(4091-1) Von B. Lesniewicz, 160 S., 106 Farbfotos, 46 s/w-Fotos, 115 Zeichnungen,
gebunden. ●●●●●

Kakteen
Auswahl · Pflege · Vermehrung
(1429-5) Von G. Andersohn, ca. 120 S., zahlr.
Farbabbildungen, kartoniert. ●●●

Tiere

Grzimek Juniors **BUNTE TIERWELT**
(4295-7) Von Chr. Grzimek, 208 S., 308 Farbfotos, Pappband. ●●●●

Hunde
Rassen · Ausbildung · Pflege · Zucht
(4118-7) Von H. Bielfeld, 192 S., 222 Farb-
und 73 s/w-Abb., Pappband. ●●●●●

Das neue Hundebuch
Rassen · Aufzucht · Pflege **(0009**-X) Von W.
Busack, überarbeitet von Dr. med. vet. A. H.
Hacker und H. Bielfeld, 112 S., 18 Farbtafeln,
27 s/w-Fotos, 6 Zeichnungen, kartoniert. ●●

**Alles über Dackel, Teckel und Dachs-
hunde**
(1079-6) Von M. Wein-Gysae, 80 Seiten,
46 Farbfotos, 2 zweifarbige Zeichnungen,
kartoniert. ●●

Hundeausbildung
Verhalten · Gehorsam · Ausbildung
(0346-3) Von R. Menzel, 88 S., 26 Fotos,
kartoniert. ●

Grundausbildung für Gebrauchshunde
Schäferhund, Boxer, Rottweiler, Dobermann,
Riesenschnauzer, Airedaleterrier, Hovawart
und Bouvier.
(0801-5) Von M. Schmidt und W. Koch. 104 S.,
8 Farbtafeln, 51 s/w-Fotos, 5 s/w-Zeich-
nungen, kartoniert. ●●

Der Hund in der Familie
(1014-1) Von J. Werner, 128 S., 106 Farbfotos,
kartoniert. ●●

Der Deutsche Schäferhund
(1091-5) Von U. Förster, 112 S., 47 Farbzeichnungen, 2 s/w-Fotos, kartoniert. ●●

Der Deutsche Schäferhund
Aufzucht · Pflege und Ausbildung
(0073-1) Von A. Hacker, 104 S., 56 Abb., kart. ●

Alles über junge Hunde
(0863-X) Von Dr. med. vet. E. M. Bartenschla-
ger, 64 S., 49 Farbfotos, 6 Zeichnungen,
kartoniert. ●●

Richtige Hundeernährung
(0811-2) Von Dr. med. vet. E. M. Bartenschla-
ger, 80 S., 51 Farbf., 4 Farbzeichn. kart. ●●

Hundekrankheiten
(1077-X) Von Dr. med. vet. R. Spangenberg,
96 S., 44 Farb- und 1 s/w-Foto, 22 Farbzeichnungen, kartoniert. ●●

Von Ajax bis Zamperl
Die beliebtesten Hunde-Namen
(1174-1) Von H.-J. Schließke, 96 Seiten, kart.
●

Die Katze in der Familie
(1076-1) Von U. Birr, 136 S., 112 Farbf., kart. ●●

Katzen
Rassen · Verhalten · Pflege · Zucht
(4158-6) Von B. Gerber, 176 S., 294 Farb- und
88 s/w-Fotos, Pappband. ●●●●

Das neue Katzenbuch
Rassen · Aufzucht · Pflege.
(0427-1) Von B. Eilert-Overbeck, 120 Seiten,
14 Farbfotos, 28 s/w-Fotos, kartoniert. ●

Katzenkrankheiten
erkennen und behandeln
(1078-8) Von Dr. med. vet. R. Spangenberg,
104 S., 40 Farbfotos und 11 Farbzeichnungen,
kartoniert. ●●

Junge Katzen
(0862-7) Von Dr. med. vet. E. M. Bartenschla-
ger, 72 S., 40 Farbfotos, 4 Farbzeichnungen. ●

Pferde
(4186-1) Von H. Werner, 176 S., 196 Farb-
und 50 s/w-Fotos, 100 Zeichnungen, Pappband. ●●●●

Reiten auf Gangpferden
Isländer, Pasos, Saddlehorses und andere
Freizeitpferde
(4716-9) Von Dr. med. vet. H. Jung, ca. 112 S.,
zahlreiche Abbildungen, kartoniert. ●●●

Reiten im Bild
(0415-X) Von H. Werner, 128 S., 142 Farb-
foyos, 107 Farbzeichnungen, kartoniert. ●●

Der Hobby-Imker
(0978-X) Von Dr. R. F. A. Moritz, 144 S.,
106 zweifarbige Zeichnungen, kart. ●●

Geflügelhaltung als Hobby
(0749-3) Von M. Baumeister, H. Meyer,
184 S., 8 Farbtafeln, 47 s/w-Fotos, 15 zweifarbige Zeichnungen, kartoniert. ●●●

Sittiche und kleine Papageien
(0864-3) Von Dr. med. vet. E. M. Bartenschla-
ger, 88 S., 84 Farbfotos, 9 Zeichnungen,
kartoniert. ●●

Alles über Großsittiche
(1320-5) Von H. Bielfeld, 88 S., 88 Farbfotos,
3 Farbzeichnungen, kartoniert. ●●

Alles über Wellensittiche
(1129-6) Von H. Bielfeld, 64 S., 53 Farbfotos,
3 Zeichnungen, kartoniert. ●●

Alles über Kanarienvögel
(0901-1) Von H. Schnoor, 64 S., 58 Farbfotos
und Zeichnungen, kartoniert. ●●

Nymphensittiche
Auswahl · Haltung · Pflege
(1474-0) Von F. Moll, ca. 64 Seiten, durchgehend vierfarbig, kartoniert. ●●

Beos
Haltung · Pflege · Zucht
(1475-9) Von M. Wagner, ca. 64 Seiten, durchgehend vierfarbig, kartoniert. ●●

Elternlose Jungvögel
Erste Hilfe · Aufzucht · Auswilderung
(1319-1) Von I. Polaschek, 80 S., 80 Farbfotos, 5 Farbzeichnungen, kartoniert. ●●

Diskusfische
Arten · Haltung · Pflege
(1432-5) Von H. Hirsch, 64 Seiten, 43 Farbfotos, kartoniert. ●●

Die Tiersprechstunde
Gesunde Fische im Süßwasseraquarium
(1013-3) Von H. J. Mayland, 96 S., 73 Farbfotos, 10 Zeichnungen, kartoniert. ●●

Alles über Zwerg- und Goldhamster
(1012-5) Von M. Mettler, 96 S., 96 Farbfotos,
kartoniert. ●●

Alles über Chinchillas und Degus
(1130-X) Von M. Mettler, 96 S., 80 Farbfotos,
3 Zeichnungen, kartoniert. ●●

Alles über Meerschweinchen
(0809-0) Von Dr. med. vet. E. M. Bartenschla-
ger, 72 S., 43 Farbfotos, 11 Farbzeichnungen,
kartoniert. ●●

Alles über Zwergkaninchen
(1075-3) Von M. Mettler., 64 S., 52 Farbfotos,
kartoniert. ●●

Alles über Rennmäuse
(1318-3) Von M. Mettler, 80 S., 74 Vignetten,
kartoniert. ●●

Sport und Fitneß

Neue Lehrmethoden der Judo-Praxis
(0424-9) Von P. Herrmann, 223 S., 475 Abb.,
kartoniert. ●●

Judo perfekt 1
(1249-7) Von K. Fuchs, 128 S., kartoniert. ●●

Judo perfekt 2
Wettkampftechniken im Stand
(1461-9) Von K. Fuchs, ca. 144Seiten,
kartoniert. ●●

Fußwürfe
für Judo, Karate und Selbstverteidigung.
(0439-7) Von M. Nishioka, übers. von H. J.
Heese, 96 S., 260 Abb., kartoniert. ●●

Karate 1
zur Selbstverteidigung
(1312-4) Von M. Nakayama, 96 Seiten,
315 s/w-Fotos, 5 Zeichn., kartoniert. ●●

Karate 2
zur Selbstverteidigung
(**1362**-0) Von M. Nakayama, 96 Seiten, 245 s/w-Fotos, kartoniert. ●●

Nakayamas Karate perfekt 1
Einführung.
(**0487**-7) Von M. Nakayama, 136 Seiten, 605 s/w-Fotos, kartoniert. ●

Nakayamas Karate perfekt 2
Grundtechniken.
(**0512**-1) Von M. Nakayama, 136 Seiten, 354 s/w-Fotos, 53 Zeichnungen, kart. ●●

Nakayamas Karate perfekt 3
Kumite 1: Kampfübungen.
(**0538**-5) Von M. Nakayama, 128 Seiten, 424 s/w-Fotos, kartoniert. ●●

Nakayamas Karate perfekt 4
Kumite 2: Kampfübungen.
(**0547**-5) Von M. Nakayama, 128 Seiten, 394 s/w-Fotos, kartoniert. ●●

Nakayamas Karate perfekt 5
Kata 1: Heian, Tekki.
(**0571**-7) Von M. Nakayama, 144 Seiten, 1229 s/w-Fotos, kartoniert. ●●

Nakayamas Karate perfekt 6
Kata 2: Bassai-Dai, Kanku-Dai.
(**0600**-4) Von M. Nakayama, 144 Seiten, 1300 s/w-Fotos, 107 Zeichnungen, kart. ●●

Nakayamas Karate perfekt 7
Kata 3: Jitte, Hangetsu, Empi.
(**0618**-7) Von M. Nakayama, 144 Seiten, 1988 s/w-Fotos, 105 Zeichnungen, kart. ●●

Nakayamas Karate perfekt 8
Gankaku, Jion.
(**0650**-0) Von M. Nakayama, 144 Seiten, 1174 s/w-Fotos, 99 Zeichnungen, kart. ●●

Karate
(**2308**-1) Von A. Pflüger, 96 S., 134 Farbfotos, 4 s/w-Zeichnungen, kartoniert. ●●

Bo-Karate
Hanbo-Jitsu – die Techniken des Stockkampfes.
(**0447**-8) Von G. Stiebler, 176 S., 424 s/w-Fotos, 38 Zeichnungen, kartoniert. ●●

Karate 1
Einführung · Grundtechniken.
(**0227**-0) Von A. Pflüger, 144 S., 195 s/w-Fotos, 120 Zeichnungen, kartoniert. ●

Karate 2
Kombinationstechniken · Katas.
(**0239**-4) Von A. Pflüger, 176 S., 452 s/w-Fotos und Zeichnungen, kartoniert. ●●

Karate Kata 1
Heian 1–5, Tekki 1, Bassai-Dai.
(**0683**-0) Von W.-D. Wichmann, 164 Seiten, 703 s/w-Fotos, kartoniert. ●●

Karate Kata 2
Jion, Empi, Kanku-Dai, Hangetsu.
(**0723**-X) Von W.-D. Wichmann, 140 Seiten, 661 s/w-Fotos, 4 Zeichnungen, kart. ●●

Karate Kata 3
Bassai Sho, Kanku Sho, Nijushiho, Sochin.
(**1120**-0) Von W.-D. Wichmann, 144 Seiten, 598 s/w-Fotos, 4 Grafiken, kart. ●●

Dragon – der Drache
Die Bruce-Lee-Story
(**1415**-5) Von L. Lee, 192 S., 257 s/w-Fotos, kartoniert. ●●●

Bruce Lees Kampfstil 1
Grundtechniken
(**0473**-7) Von B. Lee, M. Uyehara, 109 Seiten, 220 Abbildungen, kartoniert. ●

Bruce Lees Kampfstil 2
Selbstverteidigungs-Techniken
(**0486**-9) Von B. Lee, M. Uyehara, 128 Seiten, 310 Abb., kartoniert. ●

Bruce Lees Kampfstil 3
Trainingslehre
(**0503**-2) Von B. Lee, M. Uyehara, 112 Seiten, 246 Abbildungen, kartoniert. ●

Bruce Lees Kampfstil 4
Kampftechniken
(**0532**-7) Von B. Lee, M. Uyehara, 104 Seiten, 211 Abbildungen, kartoniert. ●

Bruce Lee Kung-Fu
zur Selbstverteidigung
(**1399**-X) Von B. Lee, 104 Seiten, 120 s/w-Abbildungen, kartoniert. ●●

Chuck Norris
Meine Karatetechnik
Erfolgreich in Angriff und Abwehr
(**1460**-0) Von C. Norris, 128 Seiten, kartoniert. ●

Shaolin Kung-Fu 1
Grundlagen chinesischer Kampfkunst
(**1363**-0) Von C. D. Yao, R. Fassi, 124 Seiten, 207 s/w-Fotos, 30 s/w-Zeichn., kart. ●●●

Shaolin Kung-Fu 2
Kampftechniken für Angriff und Abwehr
(**1416**-3) Von C. D. Yao, R. Fassi, 144 Seiten, 581 s/w-Abb., kartoniert. ●●

Kung-Fu 1
Legende · Philosophie · Grundtechniken
(**0891**-0) Von Chr. Yim, 152 S., 401 s/w-Fotos, 2 s/w-Zeichnungen, kartoniert. ●●

Kung-Fu und Thai-Chi
Grundlagen und Bewegungsabläufe
(**0367**-6) Von B. Tegner, 182 Seiten, 370 s/w-Fotos, kartoniert. ●●

Kung Fu
Theorie und Praxis klassischer und moderner Stile
(**0376**-5) Von M. Pabst, 160 Seiten, 330 Abbildungen, kartoniert. ●●

Bruce Lees Jeet Kune Do
(**0440**-0) Von B. Lee, 192 S., mit 105 eigenhändigen Zeichnungen von B. Lee, kartoniert. ●●●

Shaolin-Kempo – Kung-Fu
Chinesisches Karate im Drachenstil.
(**0395**-1) Von R. Czerni, K. Konrad, 246 S., 723 Abbildungen, kartoniert. ●●

Kickboxen
Fitneßtraining und Wettkampfsport.
(**0795**-7) Von G. Lemmens, 96 S., 208 s/w-Fotos, 23 Zeichnungen, kartoniert. ●●

Ninja 1
Die Lehre der Schattenkämpfer.
(**0758**-2) Von S. K. Hayes, übers. von J. Schmit, 144 Seiten, 137 s/w-Fotos, kartoniert. ●●

Ninja 2
Die Wege zum Shoshin.
(**0763**-9) Von S. K. Hayes, übers. von J. Schmit, 160 S., 309 s/w-Fotos, 2 Zeichnungen, kartoniert. ●●

Ninja 3
Der Pfad des Togakure-Kämpfers.
(**0764**-7) Von S. K. Hayes, übers. von J. Schmit, 144 S., 197 s/w-Fotos, 2 Zeichnungen, kartoniert. ●●

Ninja 4
Das Vermächtnis der Schattenkämpfer.
(**0807**-4) Von S. K. Hayes, übers. von J. Schmit, 196 Seiten, 466 s/w-Fotos, kartoniert. ●●

Taekwondo perfekt 1
Die Formenschule bis zum Blaugurt.
(**0890**-2) Von K. Gil, Kim Chul-Hwan, 176 Seiten, 439 s/w-Fotos, 107 Zeichnungen, kartoniert. ●●

Taekwondo perfekt 2
Die Formenschule vom Blau- bis zum Schwarzgurt.
(**0976**-3) Von K. Gil, K. Chul-Hwan, 192 Seiten, 461 s/w-Fotos, 112 Zeichnungen, kartoniert. ●●

Taekwondo perfekt 3
(**1068**-0) Von K. Gil, K. Chul-Hwan, 200 S., 429 s/w-Fotos, kartoniert. ●●●

Taekwondo perfekt 4
(**1250**-0) Von K. Gil, 160 S., zahlr. s/w-Fotos und Schrittdiagramme, 17 Übungstafeln zum Herausnehmen, kart. ●●●

Ju-Jutsu 1
Grundtechniken · Moderne Selbstverteidigung.
(**0276**-9) Von W. Heim, F. J. Gresch, 164 S., 450 s/w-Fotos, 8 Zeichn., kartoniert. ●●

Ju-Jutsu 2
für Fortgeschrittene und Meister.
(**0378**-1) Von W. Heim, F. J. Gresch, 160 S., 798 s/w-Fotos, kartoniert. ●●

Ju-Jutsu 3
Spezial-, Gegen- und Weiterführungs-Techniken · Stockkampfkunst.
(**0485**-0) Von W. Heim, F. J. Gresch, 200 S., über 600 s/w-Fotos, kartoniert. ●●

Aikido
Lehren und Techniken des harmonischen Weges.
(**0537**-7) Von R. Brand, 280 Seiten, 697 Abbildungen, kartoniert. ●●

Hap Ki Do
Koreanische Selbstverteidigung nach dem Lehrsystem des Großmeisters.
(**0379**-X) Von Kim Sou Bong, 112 Seiten, 152 Abbildungen, kartoniert. ●●

Dynamische Tritte
Grundlagen für den Zweikampf.
(**0438**-9) Von C. Lee, 96 S., 398 s/w-Fotos, 10 Zeichnungen, kartoniert. ●●

Super-Tritte
(**1248**-9) Von W. Wallace, 136 S., kart. ●●

Selbstverteidigung
Abwehrtechniken für Sie und Ihn.
(**0853**-8) Von E. Deser, 96 S., 259 s/w-Fotos, kartoniert. ●

Die Faszination athletischer Körper
Bodybuilding
mit Weltmeister Ralf Möller.
(**4281**-7) Von R. Möller, 128 Seiten, 169 Farbfotos, 14 s/w-Fotos, 1 Farbzeichnung, Pappband. ●●●●

Ladyfitneß
Das neue Körperbewußtsein der Frau
Bodyshaping · Körperpflege · Ernährung · Entspannung
(**4433**-X) Von Prof. Dr. S. Starischka, B. Grabis, D. von Cramm, G. W. Kienitz, 128 S., 227 Farbfotos, Pappband. ●●●●

Bodybuilding für Frauen
Wege zu Ihrer Idealfigur
(**0661**-6) Von H. Schulz, 112 S., 84 s/w-Fotos, 4 Zeichnungen, kartoniert. ●

Bodybuilding
Anleitung zum Muskel- und Konditionstraining für sie und ihn
(**0604**-7) Von R. Smolana, 160 S., 171 s/w-Fotos, kartoniert. ●●

Bodybuilding
(**2314**-6) Von L. Spitz, 112 S., 203 Farbabbildungen, 10 Tabellen. ●●

Leistungsfähiger durch Krafttraining
Eine Anleitung für Fitness-Sportler, Trainer und Athleten.
(**0617**-9) Von W. Kieser, 96 S., 20 s/w-Fotos, 62 Zeichnungen, kartoniert. ●

Krafttraining
Wirbelsäulengerechte Übungen an und mit Geräten
(**1309**-4) Von A. Balk, 48 S., 8 Bildtafeln, Spiralbindung. ●●●

Muskeltraining mit Hanteln
Leistungssteigerung für Sport und Fitneß
(**0676**-4) Von H. Schulz, 104 S., 92 s/w-Fotos, 2 Zeichnungen, kartoniert. ●

Ausdauertraining
Einführung und Grundtechniken
(**1396**-5) Von G. Eyting, 32 S., 41 Farbfotos, 21 Farbzeichn., kartoniert. ●●●

Hanteltraining zu Hause
(**0800**-7) Von W. Kieser, 80 S., 71 s/w-Fotos, 4 Zeichnungen, kartoniert. ●

Optimale Ernährung
für Krafttraining und Bodybuilding.
(**0912**-7) Von B. Dahmen, 88 S., 8 Farbtafeln, 8 Zeichnungen, kartoniert. ●●

Aufwärmen
Übungen und Programme für Sport und Spiel
(**1311**-6) Von Dr. H. Wolff, 40 S., 8 Bildtafeln, Spiralbindung. ●●●

FitneBtraining
Empfohlen vom Deutschen Sportbund
(**1245**-4) Von Marianne Schreiber, 32 Seiten, Spiralbindung mit Ausklapptafeln. ●●

Wirbelsäulengymnastik
Empfohlen vom Deutschen Sportbund
(**1246**-2) Von L. Keller, 40 Seiten, Spiral-bindung mit Ausklapptafeln. ●●●

Aerobics
Low Impact, High-Impact, Step-Aerobic
(**1421**-X) Von M. Freytag-Baumgartner, 44 S., 3 Farbtafeln, 84 Farbfotos, 16 s/w-Fotos, Spiralbindung, kartoniert. ●●●

Stretching
Empfohlen vom Deutschen Sportbund
(**1247**-0) Von A. Balk, 40 Seiten, Spiralbin-dung mit Ausklapptafeln. ●●

Isometrisches Training
Übungen für Muskelkraft und Entspannung.
(**0529**-6) Von L. M. Kirsch, 104 S., 150 s/w-Fotos, kartoniert. ●●

Stretching
Mit Dehnungsgymnastik zu Entspannung, Geschmeidigkeit und Wohlbefinden.
(**0717**-5) Von H. Schulz, 80 S., 90 s/w-Fotos, kartoniert. ●

Stretching
(**2304**-9) Von B. Kurz, 96 S., 255 Farbfotos, kartoniert. ●●

Gesund und fit durch Gymnastik
(**0366**-8) Von H. Pilss-Samek, 88 Seiten, 130 Abbildungen, kartoniert. ●

Funktionelles Körpertraining
Grundlagen und Bewegungsprogramme
(**1367**-1) Von A. Balk, 40 S., 100 Farbfotos, kartoniert. ●●●

Spielerisch zur Kondition
Über 100 Trainingsspiele zur Verbesserung von Ausdauer, Schnelligkeit, Kraft und Beweglichkeit
(**1214**-4) Von U. Stumpp, 120 S., 30 Grafiken, kartoniert. ●●●

AOK-Videothek
Top-Form Gymnastik
Ein Bewegungsprogramm für pfundige Leute
(**6144**-7) VHS, ca. 30 Minuten, in Farbe. ●●●●*

Fit und frisch
Gymnastik für die ganze Familie
(**6501**-9) Von G. Sieber, 104 S., 306 Farbfotos, 5 Farbzeichnungen, kart., mit Audiokassette, Laufzeit 30 Min. ●●●

Sportjahr 93
Rekorde · Siege · Schicksale · Ergebnisse
Mit Sonderteil Leichtathletik-WM
(**4690**-1) 176 Seiten, 373 Farbfotos, Papp-band. ●●●

Freeclimbing
Technik und Training
(**1251**-9) Von T. Strobl, 144 Seiten, durch-hend vierfarbig, kartoniert. ●●●

Fechten
Florett · Degen · Säbel.
(**0449**-4) Von E. Beck, 88 Seiten, 185 Fotos, 10 Zeichnungen, kartoniert. ●●

SportRegeln Volleyball
(**1368**-X) 88 S., 5 Farbtafeln, 19 s/w-Fotos, kartoniert. ●●

Fußball
(**2309**-X) Von H. Obermann, P. Walz, 112 Seiten, 47 Farbfotos, 18 Farb- und 25 s/w-Zeichnungen, kartoniert. ●●

Sepp Maier
Super-Torwart-Training
(**4451**-8) Von S. Maier, 168 S., 30 Farb- und 34 s/w-Fotos, 236 zweifarbige Zeichnungen, Pappband. ●●●●

Fußballtraining für Kinder und Jugendliche
Spiel- und Übungsformen zu Technik und Taktik
(**1463**-5) Von S. Asmus u. a., ca. 128 Seiten, durchgehend vierfarbig, kartoniert. ●●

SportRegeln
American Football
(**1165**-2) 136 S., 18 s/w-Fotos, kartoniert.●

Streetball
Technik · Taktik · Spiel
(**1465**-1) Von J. Bezler und T. Paganetti, ca. 80 Seiten, durchgehend vierfarbig, kartoniert. ●●

Handball
Technik · Taktik · Regeln.
(**0426**-5) Von F. und P. Hattig, 128 Seiten, 91 s/w-Fotos, 121 Zeichnungen, kart. ●●

Handball
Grundlagen für Training und Spiel
(**2321**-9) Von H.-P. Oppermann, 120 Seiten, 39 Farbtafeln, 12 s/w-Fotos, 108 Farbzeich-nungen, kartoniert. ●●

SportRegeln Handball
Die offiziellen Regeln
Wissenswertes von A bis Z
(**1099**-6) 88 Seiten, 32 s/w-Fotos, 14 Zeich-nungen, kartoniert. ●

SportRegeln Rugby
Die offiziellen Regeln
Wissenswertes von A bis Z
(**1216**-0) 96 Seiten, zahlreiche zweifarbige Abbildungen, kartoniert. ●

Tennis
Technik · Taktik · Regeln.
(**0375**-7) Von W. u. S. Taferner, 112 Seiten, 81 Abbildungen, kartoniert. ●

SportRegeln Tennis
Die offiziellen Regeln
Wissenswertes von A bis Z
(**1097**-4) 88 S., 24 s/w-Fotos, 6 Zeichnungen, kartoniert. ●

Tischtennis-Technik
Der individuelle Weg zu erfolgreichem Spiel.
(**0775**-2) Von M. Perger, 144 Seiten, 296 Abbildungen, kartoniert. ●●

SportRegeln Tischtennis
Die offiziellen Regeln
Wissenswertes von A bis Z (**1252**-7) 96 S., zahlreiche zweifarbige Abb., kart. ●

Badminton
Technik · Taktik · Training.
(**0699**-3) Von K. Fuchs, L. Sologub, 168 S., 51 Abbildungen, kartoniert. ●

SportRegeln
Badminton
(**1101**-6) 84 S., kartoniert. ●

Squash
(**2311**-1) Von P. Langhammer, R. Michna, 96 S., 86 Farbfotos, 13 Farbzeichn., kartoniert. ●●

Squash
Ausrüstung · Technik · Regeln
(**0539**-3) Von D. von Horn, H.-D. Stünitz, 96 S., 55 s/w-Fotos, 25 Zeichnungen, kart. ●

SportRegeln Squash
Wissenswertes von A bis Z
(**1100**-8) 64 S., 11 s/w-Fotos, 23 Zeichnungen, kartoniert. ●

Darts
Technik · Taktik · Spiel
(**1466**-X) Von R.W. Sohlbach, ca. 112 S., kart. ●●

Golf
Neue Wege zum erfolgreichen Spiel
(**4509**-3) Von O. Heuler, ca. 144 S., zahlr. Farbabbildungen, Pappband. ●●●●●

SportRegeln Golf
(**1315**-9) 96 S., 19 s/w-Fotos, kartoniert. ●

Golf
Ausrüstung und Technik.
(**0343**-9) Von J. C. Jessop, 96 S., 57 Abb., Anhang Golfregeln des DGV, kart. ●

Eishockey
Lauf- und Stocktechnik, Körperspiel, Taktik, Ausrüstung und Regeln.
(**0414**-1) Von J. Čapla, 264 S., 548 s/w-Fotos, 163 Zeichnungen, kartoniert. ●●●

SportRegeln
Eishockey
(**1098**-2) 116 Seiten, kartoniert.●

Billard
Grundstöße · Viertelbillard und Freie Partie
(**1313**-2) Von Dr. H. Stingel, 112 Seiten, 196 Zeichnungen, kartoniert. ●●●

Grundlagen für Training und Spiel
Pool-Billard
(**2318**-9) Von B. Pejcic, R. Meyer, 96 S., durch-gehend vierfarbig, kartoniert. ●●

Pool-Billard
(**0484**-2) Herausgegeben vom Deutschen Pool-Billard-Bund. Von M.Bach, K.-W. Kühn, 104 S., 64 Abbildungen, kartoniert. ●

FALKEN Video
Reiten
Von der ersten Stunde bis zum Ausritt
(**6097**-1) VHS, ca. 60 Min., in Farbe, mit Begleitheft.●●●●*

Reiten
(**2322**-7) Von T. Eckholt, 128 S., durchgehend vierfarbig, kartoniert. ●●

Tanzstunde
Das Welttanzprogramm leicht gelernt
(**4409**-2) Von G. Hädrich, 164 S., 489 s/w-Fotos, 63 Zeichnungen, Pappband. ●●●

Wir lernen Tanzen
(**0200**-9) Von E. Fern, 152 S., 119 s/w-Fotos, 47 Zeichnungen, kartoniert. ●●

Anmutig und fit durch
Bauchtanz
(**0911**-9) Von Marta, 120 S., 229 Farbfotos, 6 s/w-Zeichnungen, kartoniert. ●●●

Segeln
(**1364**-X) Von H. Mönster u.a., ca. 128 Seiten, durchgehend vierfarbig, zahlr. Abbildungen, kartoniert. ●●●

Sporttauchen
Theorie und Praxis des Gerätetauchens
(**0647**-0) Von S. Mißig, 144 S., 8 Farbtafeln, 35 s/w-Fotos, 89 Zeichnungen, kart. ●●

Fit mit Sporttauchen
(**2320**-0) Von Dr. F. Naglschmid, 112 Seiten, 71 Farbfotos, 21 Zeichnungen, kart. ●●

Angelfischerei von Aal bis Zander
Fische · Geräte · Technik.
(**0324**-2) Von H. Oppel, 72 Seiten, 16 Farb-tafeln, 49 s/w-Abb., kartoniert. ●●

Angeln
Kleine Fibel für den Sportfischer.
(**0198**-3) Von E. Bondick, 80 Seiten, 4 Farb-tafeln, 116 Abbildungen, kartoniert. ●

Snowboarding
Ausrüstung · Fahrtechnik · Wettkämpfe
Videokassette (**6139**-0) VHS, ca. 45 Min., in Farbe. ●●●●*

Fibel für Kegelfreunde
Sport- und Freizeitkegeln · Bowling
(**0191**-6) Von G. Bocsai, 72 Seiten, 62 Abb., kartoniert ●

111spannende Kegelspiele
(**2031**-7) Von H. Regulski, 80 S., 53 Zeich-nungen, kartoniert. ●

Mensch und Gesundheit

Der moderne Ratgeber
Wir werden Eltern
Schwangerschaft · Geburt · Erziehung des
Kleinkindes.
(**4269**-8) Von B. Nees-Delaval, 376 Seiten,
335 2-farbige Abb., Pappband. ●●●●

Ich freue mich auf mein Baby
Ratgeber und Tagebuch für die Schwangerschaft
(**4711**-8) Von E. Portz-Schmitt, 184 S., 18 Farbfotos, 72 Farbzeichn., Pappband. ●●●●

Ich bekomme ein Baby
Wegweiser für Schwangerschaft und Geburt
(**1254**-3) Von B. Nees-Delaval, 144 Seiten,
durchgehend zweifarbig, kartoniert. ●●

Wenn der Mensch zum Vater wird
Ein heiter-besinnlicher Ratgeber
(**4259**-0) Von D. Zimmer, 160 S., 20 Zeichnungen, Pappband. ●●●

AOK Bibliothek
**Schwangerschaftsgymnastik und
Geburtsvorbereitung**
(**1423**-6) Von L. Keller, 112 S., 137 Farbfotos,
12 Farbzeichnungen, kartoniert. ●●●

Vorbereitung auf die Geburt und
Schwangerschaftsgymnastik
Atmung, Rückbildungsgymnastik,
(**0251**-3) Von S. Buchholz, 112 Seiten,
98 s/w-Fotos, kartoniert. ●

AOK-Bibliothek
Rückbildungsgymnastik
Informationen, Tips und Übungen
(**1470**-8) Von L. Keller, ca. 112 Seiten, zahlreiche Farbfotos und Farbillustrationen,
kartoniert. ●●●*

AOK-Videothek
FALKEN Video
Rückbildungsgymnastik
Informationen, Tips und Übungen
(**6176**-5) Laufzeit ca. 30 Minuten. ●●●●*

Die Kunst des Stillens
nach neuesten Erkenntnissen
(**0701**-9) Von Prof. Dr. med. E. Schmidt,
S. Brunn, 112 S., 20 Fotos und Zeichnungen,
kartoniert. ●

Der große FALKEN BabyKurs
Pflege · Ernährung · Entwicklung · Erziehung
(**4739**-8) Von K. Schutt, ca. 352 Seiten, ca.
400 Farbfotos, gebunden. ●●

Das Babybuch
Pflege · Ernährung · Entwicklung
(**0531**-8) Von A. Burkert, 96 Seiten, 76 zweifarbige Zeichnungen, 22 s/w-Zeichnungen,
kartoniert. ●●

Babyfitneß
Massage, Spiele, Gymnastik und Schwimmen
für Kinder im 1. Lebensjahr
(**1034**-6) Von G. Zeiß, 112 Seiten, 179 zweifarbige Illustrationen, , kartoniert. ●●

Wenn Kinder krank werden
Medizinischer Ratgeber für Eltern
(**4240**-X) Von B. Nees-Delaval, 232 Seiten,
163 Zeichnungen, Pappband. ●●●

Keinen Mann um jeden Preis
Das neue Selbstverständnis der Frau in der
Partnerbeziehung
(**4440**-2) Von Shere Hite, Kate Colleran,
208 Seiten, Pappband. ●●●

Total verknallt ... und keine Ahnung?
Alles über Liebe, Sex und Zärtlichkeit
(**1024**-9) Von H. Bruckner, R. Rathgeber,
104 S., 38 Abbildungen, kartoniert. ●●

Streicheleinheiten für Körper und Seele
Partnermassage
(**4444**-5) Von Chr. Unseld-Baumanns, 136 S.,
145 Farbfotos, Pappband. ●●●●

Partner gesucht
Die besten Tips und Strategien fürs Kennen-
lernen
(**1481**-3) Von Dr. C. Harmsen, 128 Seiten,
kartoniert. ●●

freundin Ratgeber
Glück braucht Mut
Die Psycho-Logik des Jens Corssen
(**1176**-8) Von J. Corssen, B. Schmidt, 160 S.,
kartoniert. ●●

freundin Ratgeber
Die faire Trennung
Wie man mit Anstand auseinandergeht
(**1477**-5) Von I. Weber, ca. 144 S., kart. ●●

Angst und Panik
Ursachen · Symptome · Therapie
(**1422**-8) Von Prof. Dr. H.-R. Lückert, 176 S.,
kartoniert. ●●●

Wörterbuch der Medizin
(**4535**-2) 400 Seiten, 229 Farbfotos,
Pappband. ●●●●

Bildatlas des menschlichen Körpers
(**4177**-2) Von G. Pogliani, V. Vannini,
112 Seiten, 402 Farbabbildungen, 28
s/w-Fotos,
Pappband. ●●●●

Richtig essen bei
Nahrungsmittelallergien
(**4745**-2) Von Dr. med. C.Thiel, A. Ilies, 128 S.,
ca. 90 Farbf., gebunden. ●●●

Nahrungsmittelallergien
So ernähren Sie sich richtig!
(**0913**-5) Von Priv.-Doz. Dr. med. Dr. med.
habil. J. von Mayenburg, Prof. Dr. med. Dr.
phil. S. Borelli, E. Polster, 136 S., kart. ●●

Neurodermitis
Ursachen · Ganzheitliche Behandlung · Selbsthilfe
(**1218**-7) Von Prof. Dr. med. Dr. phil. S. Borelli,
144 S., kartoniert. ●●

Bluthochdruck
Risikofaktoren · Vorbeugung · Behandlung
(**1125**-3) Von Prof. Dr. med. D. Klaus,
R. Unsorg, G. Leibold, 152 S., 25 Farbfotos,
22 Farbzeichnungen, kartoniert. ●●●

Arteriosklerose
Risikofaktoren/Vorbeugung/Therapie
Richtige Ernährung bei erhöhtem Cholesterinspiegel.
(**1020**-6) Von Prof. Dr. med. G. Assmann,
Dr. troph. U. Wahrburg, 192 S., 84 farb. Abb.,
4 s/w-Zeichnungen, kartoniert. ●●●

Asthma
Pseudokrupp, Bronchitis und Lungen-
emphysem
Krankheitsbilder · Diagnose · Therapie
(**1126**-1) Von Prof. Dr. med. W. Schmidt,
S. Ertelt, 152 S., 110 zweif. Zeichn., kart. ●●●

Risiko Herzinfarkt
Empfohlen von der Deutschen Herzstiftung
(**1217**-9) Von C. Halhuber, M. J. Halhuber,
152 S., 38 Farb- und 8 s/w-Zeichnungen,
kartoniert. ●●●

So arbeitet das Immunsystem
Funktionsweise · Störungen · Natürliche
Stärkung
(**1253**-5) Von V. Friebel, J. Ledvina, A. Roß-
meier, 168 S., 18 Farbtafeln, 38 zweifarbige
Zeichnungen, kartoniert. ●●●

Diabetes
Krankheitsbild, Therapie, Kontrollen,
Schwangerschaft, Sport, Urlaub, Alltags-
probleme. Neueste Erkenntnisse der Diabe-
tesforschung. (**0895**-3) Von Dr. med. H. J.
Krönke, 120 S., 4 Farbtafeln, 14 s/w-Fotos,
13 s/w-Zeichnungen, kartoniert. ●●●

AOK-Bibliothek
Gesunde Haut
Ratgeber für Pflege und Gesundheit
(**1468**-6) Von Dr. med. J. Müller und Dr. med.
K.-U. Schmidt, ca. 112 Seiten, zahlr. Abbildun-
gen, durchgehend vierfarbig, kart. ●●●

Naturkosmetik
Die Grundlagen gesunder und natürlicher
Hautpflege.
(**1080**-X) Von N. E. Haas, 120 Seiten, 63 Farbabbildungen, kartoniert. ●●

Die sanfte Art des Heilens
Homöopathie
Praktische Anwendung und Arzneimittellehre
(**4418**-X) Von J. H. P. Kreuter, 216 S., 49 Zeichnungen, Pappband. ●●●

Aromatherapie
Gesundheit und Entspannung durch äthe-
rische Öle.
(**1131**-8) Von K. Schutt, 96 S., 40 zweifarbige
Abbildungen, kartoniert. ●●

Heilatmen
Ein Weg zu Lebenskraft und innerer
Harmonie
(**1047**-8) Von K. Schutt, 112 S., 57 zweifarbige
Abbildungen, kartoniert. ●●

Bewährte Naturheilverfahren bei
Herz-Kreislauf-Erkrankungen
(**1084**-2) Von Dr. med. O. Wolff, G. Leibold,
104 Seiten, kartoniert. ●

Risiko Herzinfarkt
(**1217**-9) Von Dr. C. Halhuber, Prof. Dr. M. J.
Halhuber, 160 S., durchgehend zweifarbig,
kartoniert. ●●●

Krebsangst und Krebs behandeln
Mit einem Vorwort von Prof. Dr. med. Friedrich Douwes.
(**0839**-2) Von G. Leibold, 104 Seiten,
kartoniert. ●

Bewährte Naturheilverfahren bei
Krebs
(**1082**-6) Hrsg. H.-R. Heiligtag, 88 Seiten,
kartoniert. ●

Heilen mit Blütenenergien
nach Dr. Bach
(**1141**-5) Von J. Wenzel, ca. 96 S., kartoniert. ●

Bewährte Naturheilverfahren bei
Migräne und Schlafstörungen
(**1081**-8) Von G. Leibold, Dr. med. H. Chr.
Scheiner, 112 Seiten, kartoniert. ●●

Gesunder Schlaf
Schlafstörungen ohne Medikamente erfolgreich behandeln.
(**1036**-2) Von D. H. Alke, 88 S., 22 s/w-Abb.,
mit Audiokassette, kartoniert. ●●

Natürliche Behandlungsmethoden bei
Rückenschmerzen
Massage · Gymnastik · Entspannung
(**4447**-X) Von Prof. Dr. med. H. Hess, K. Eder,
H.-J. Montag, K. Schutt, 152 S., 168 Farbabbil-
dungen, Pappband. ●●●

TELE-Rückenschule
Wohlbefinden durch bewußte Körper-
erfahrung
(**1310**-8) Von K. Haak, 64 S., 19 Farb-,
24 s/w-Fotos, 24 Zeichnungen, 2 Ausklapptafeln, mit Audiokassette, kartoniert. ●●●●

TELE-Rückenschule
Wohlbefinden durch bewußte Körper-
erfahrung
Videokassette (**6108**-0) VHS, ca. 60 Min., in
Farbe, mit Broschüre. ●●●●*

Rheuma behandeln und lindern
Mit einem Vorwort von Dr. med. Max-Otto
Bruker.
(**0836**-8) Von G. Leibold, 96 Seiten,
kartoniert. ●

Besser sehen durch Augentraining
Ein Gesundheitsprogramm zur Verbesserung
des Sehvermögens.
(**0914**-3) Von K. Schutt, B. Rumpler, 96 S.,
32 s/w-Zeichnungen, kartoniert. ●●

So erreichen Sie Ihr
Immunsystem
(**1253**-5) Von V. Friebel, I. Ledvina, A. Roßmeier, 192 Seiten, durchgehend zweifarbig,
kartoniert. ●●●

Allergien behandeln und lindern
Mit einem Vorwort von Prof. Dr. med. Axel
Stemmann.
(0840-6) Von G. Leibold, 96 Seiten, 4 Zeichnungen, kartoniert. ●

Enzyme
Vitalstoffe für die Gesundheit
(0677-2) Von G. Leibold, 96 S., kartoniert. ●

Besser leben durch Fasten
(0841-4) Von G. Leibold, 96 S., kartoniert. ●

Massagetechniken und Heilanzeigen
Reflexzonentherapie
(4404-6) Von G. Leibold, 128 Seiten, 53 Farbzeichnungen, Pappband. ●●●

Akupressur zur Eigenbehandlung
(0417-6) Von G. Leibold, 112 S., 78 Abb.,
kartoniert.●

Shiatsu-Massage
Harmonisierung der Energieströme im
Körper
(0615-2) Von G. Leibold, 196 S., 180 Abb.,
kartoniert. ●●●

Fußsohlenmassage
Heilanzeigen · Technik · Selbsthilfe
(0714-0) Von G. Leibold, 96 S., 38 Zeichnungen, kartoniert. ●

Entspannung und Schmerzlinderung durch
Massage
(0750-7) Von B. Rumpler, K. Schutt, 112 S.,
116 zweifarbige Zeichnungen, kartoniert. ●

Gesundheit und Entspannung durch
Massage
(1317-5) Von K. Schutt, 168 S., 126 Farbfotos,
61 Farbzeichnungen, kartoniert. ●●●

Gesundheit für Körper und Seele
Entspannung
(1471-6) Von K. Schutt, ca. 80 Seiten, durchgehend zweifarbig, kartoniert, Audiokassette
ca. 60 Minuten Laufzeit. ●●●●

Entspannung
(0834-1) Von Dr. Med. Chr. Schenk, 88 S.,
29 Zeichnungen, kartoniert. ●

Autogenes Training
Ein Programm zur Streßbewältigung
(1278-0) Von Dr. P. Kruse, B. Pavlekovic,
K. Haak, 112 S., durchgehend zweifarbig,
kartoniert.●

Erfolg und Lebensfreude durch
**Autogenes Training und Psycho-
kybernetik**
(1035-4) Von D. H. Alke, 80 Seiten, 2 s/w-
Zeichnungen, mit Audiokassette,
kartoniert. ●●●

Chinesisches Schattenboxen
Tai-Ji-Quan
für geistige und körperliche Harmonie
(0850-3) Von F.T. Lic, 120 S., 221 s/w Fotos,
9 s/w-Zeichnungen, Beilage: 1 s/w-Poster mit
zahlreichen Abbildungen, kartoniert. ●●

AOK-Bibliothek
Qi-Gong im Alltag
Chinesische Atem- und Bewegungsübungen
(1316-7) Von L. U. Schoefer, ca. 80 Seiten,
durchgehend vierfarbig, zahlreiche Fotos,
kartoniert. ●

AOK-Bibliothek
Qi-Gong im Alltag
Chinesische Atem- und Bewegungsübungen
(1427-9) Von L. U. Schoefer, ca. 80 Seiten,
durchgehend vierfarbig, zahlreiche Fotos,
kartoniert, mit Audiokassette. ●●●●

AOK-Videothek
Qi-Gong im Alltag
Chinesische Atem- und Bewegungsübungen
(6179-X) Von L. U. Schoefer, ca. 60 Minuten
Laufzeit. ●●●●

Yoga für jeden
(1277-2) Von K. Zebroff, 144 Seiten,
Spiralbindung, durchgehend vierfarbig,
kartoniert. ●●●

Yoga
Weg zur Harmonie
(4417-8) Von A. Harf, W. von Rohr, 176 S.,
171 Farbf., 12 s/w-Zeichn., Pappband. ●●●●

**Yoga gegen Haltungsschäden und
Rückenschmerzen**
(0394-3) Von A. Raab, 104 S., 215 Abb., kart. ●

AOK-Bibliothek
Radwandern
für die Gesundheit
(1369-8) Von S. Kälberer, J.−U. Knoll, 128 S.,
126 Farbfotos, kartoniert. ●●●

AOK-Bibliothek
Osteoporose
Vorbeugen · Diagnose · Behandlung
(1371-X) Von A. Baumgarten, 96 S., 74 Farbfotos, 17 Farbzeichn., kartoniert. ●●●

AOK-Bibliothek
Erkältungskrankheiten
Vorbeugung und Behandlung
(1372-8) Von G. Leibold, 112 S., 74 Farbfotos,
7 Farbzeichn., kartoniert. ●●●

AOK-Bibliothek
Krankenpflege zu Hause
Anleitungen, Tips und Informationen
(1373-6) Von S. Hof, 104 S., 68 Farbfotos,
32 Farbzeichn., kartoniert. ●●●

PfundsKur Kochbuch
(4726-6) Von F. Metzler, 112 S., 81 Farbfotos,
Pappband. ●●●

Fit ohne Fett
Die neue PfundsKur
(1370-1) Von Prof. Dr. V. Pudel, 128 Seiten,
kartoniert. ●

Die aktuelle
Ballaststofftabelle
(1288-8) Von Dr. H. Oberritter, 80 Seiten,
kartoniert. ●

Neue Rezepte für Diabetiker-Diät
Vollwertig · abwechslungsreich · kalorienarm
(0418-4) Von M. Oehlrich, 96 S., 8 Farbtafeln,
kartoniert. ●

**Diät bei Herzkrankheiten und
Bluthochdruck**
Rezeptteil von B. Zöllner.
(3202-1) Von Prof. Dr. med. H. Rottka, 92 S.,
4 Farbtafeln, kartoniert. ●●

**Diät bei Erkrankungen der Nieren, Harn-
wege und bei Dialysebehandlung**
Rezeptteil von B. Zöllner.
(3203-X) Von Prof. Dr. med. Dr. h. c. H. J. Sarre
und Prof. Dr. med. R. Kluthe, 96 S., 33 Farbfotos, 1 s/w-Zeichnung, kartoniert. ●●

Diät bei Gicht und Harnsäuresteinen
Rezeptteil von B. Zöllner.
(3205-6) Von Prof. Dr. med. N. Zöllner, 112 S.,
35 Farbtafeln, kartoniert. ●●

Diät bei Zuckerkrankheit
Rezeptteil von B. Zöllner (3206-4) Von Prof.
Dr. med. P. Dieterle, 112 S., 42 Farbfotos,
4 vierfarbige Vignetten, 1 s/w-Zeichnung,
kartoniert. ●●

**Diät bei erhöhtem Cholesterinspiegel
und anderen Fettstoffwechselstörungen**
Rezeptteil von B. Zöllner.
(3208-0) Von Prof. Dr. med. G. Wolfram,
102 S., 32 Farbfotos, kartoniert. ●●

**Ballaststoffreiche Kost bei Funktions-
störungen des Darms**
Rezeptteil von B. Zöllner.
(3212-9) Von Prof. Dr. med. H. Kasper,
96 Seiten, 34 Farbfotos, 1 s/w-Foto,
kartoniert. ●●

**Diät bei Krankheiten des Magens und
Zwölffingerdarms**
Rezeptteil von B. Zöllner.
(3201-3) Von Prof. Dr. med. H. Kaess,
96 Seiten, 35 Farbfotos, s/w-Zeichnung,
kartoniert. ●●

**Diät bei Krankheiten der Gallenblase,
Leber und Bauchspeicheldrüse**
Rezeptteil von B. Zöllner.
(3207-2) Von Prof. Dr. med. H. Kasper,
88 Seiten, 35 Farbfotos, 1 s/w-Zeichnung,,
kartoniert. ●●

Video

Hobby Aquarellmalen
Landschaft und Stilleben
(6022-X) VHS, 40 Min., in Farbe, mit Begleitheft.●●●●*

Hobby Ölmalerei
Landschaft und Stilleben
(6025-4) VHS, 40 Min., in Farbe, mit Begleitheft. ●●●●*

Seidenmalerei
leicht gemacht
(6173-0) VHS, ca. 30 Min., in Farbe ●●●●*

Basteln mit Kindern
(6041-6) VHS, 60 Min., in Farbe, mit Vorlagen in Originalgröße, mit Begleitheft. ●●●*

Die Modelleisenbahn
Anlagenbau in Modultechnik
(6028-9) VHS, 30 Min., in Farbe. ●●●*

Golf
(6053-X) VHS, 60 Min., in Farbe, mit Begleitheft. ●●●●*

Reiten
(6097-1) VHS, ca. 60 Min., in Farbe, mit
Begleitbroschüre. ●●●●*

Karate
Einführung und Grundtechniken
(6037-8) VHS, ca. 45 Min., in Farbe, mit
Begleitbroschüre. ●●●*

Skigymnastik perfekt
(6052-1) VHS, ca. 60 Min., in Farbe, mit
Begleitbroschüre. ●●●●*

Snowboarden
(6139-0) VHS, ca. 45 Min., in Farbe,
mit Broschüre.●●●*

Pflanzenjournal
Blumen- und Pflanzenpflege im Jahreslauf
(6036-X) VHS, 30 Minuten, mit Begleitheft.
●●●●*

Schnitt und Pflege
von Bäumen und Sträuchern
(6050-5) VHS, 45 Min., in Farbe, mit
Begleitheft. ●●●*

Erfolgreiche Streßbewältigung
Autogenes Training
Video 1: Einführung und Kurs
Video 2: Übungen
(6132-3) VHS, jeweils ca. 60 Minuten, in
Farbe. ●●●●*

Aktfotografie
Gestaltung/Technik/Spezialeffekte
Interpretationen zu einem unerschöpflichen
Thema
(6001-7) VHS, 60 Min., in Farbe, mit Begleit-
heft. ●●●●*

Videografieren perfekt
Profitricks für Aufnahmetechnik und Nachbearbeitung
(6042-4) VHS, (6044-4) Video 8, 60 Min., in
Farbe, mit Begleitheft. ●●●●●*

Besser Videofilmen
(6172-2) VHS, ca. 60 Minuten, in Farbe.
●●●●*

Top-Form Gymnastik
Ein Bewegungsprogramm für pfundige Leute
(6144-7) VHS, ca. 30 Minuten, in Farbe.
●●●●*

Fitt ohne Fett
PfundsKur Video
(6142-0) VHS, ca. 40 Min., in Farbe.●●●●*

Streicheleinheiten für Körper und Seele
Partnermassage
(**6051**-3) VHS, 45 Min., in Farbe, mit Begleitheft. ●●●●'

Tele Partner Massage
Zärtliche Entspannung zu zweit
(**6131**-5) VHS, ca. 60 Minuten, in Farbe.
●●●●'

Sinnliche Stunden
(**6099**-8) VHS, ca. 60 Min., in Farbe, mit Begleitbroschüre. ●●●●●'

Nie wieder rauchen
(**6100**-1) VHS, ca. 45 Min., in Farbe, mit Begleitbroschüre. ●●●●'

New York
(**6151**-X) VHS, ca. 60 Min., in Farbe. ●●●●'

Kalifornien
(**6152**-8) VHS, ca. 60 Min., in Farbe. ●●●●'

USA Südwest
(**6153**-6) VHS, ca. 60 Min., in Farbe. ●●●●'

Florida
(**6154**-4) VHS, ca. 60 Min., in Farbe. ●●●●'

Hawaii
(**6164**-1) VHS, ca. 60 Min., in Farbe. ●●●●'

Irland
(**6167**-6) VHS, ca. 60 Min., in Farbe. ●●●●'

Norwegen
(**6161**-7) VHS, ca. 60 Min., in Farbe. ●●●●'

Kanarische Inseln
(**6162**-5) VHS, ca. 60 Min., in Farbe. ●●●●'

Mallorca
(**6143**-9) VHS, ca. 60 Min., in Farbe. ●●●●'

Toscana
(**6148**-X) VHS, ca. 60 Min., in Farbe. ●●●●'

Rom
(**6145**-5) VHS, ca. 60 Min., in Farbe. ●●●●'

Venedig
(**6146**-3) VHS, ca. 60 Min., in Farbe. ●●●●'

Florenz
(**6147**-1) VHS, ca. 60 Min., in Farbe. ●●●●'

Paris
(**6157**-9) VHS, ca. 60 Min., in Farbe. ●●●●'

Wien
(**6158**-7) VHS, ca. 60 Min., in Farbe. ●●●●'

London
(**6159**-5) VHS, ca. 60 Min., in Farbe. ●●●●'

Prag
(**6165**-X) VHS, ca. 60 Min., in Farbe. ●●●●'

Griechische Inseln
(**6166**-8) VHS, ca. 60 Min., in Farbe. ●●●●'

Kuba
(**6150**-1) VHS, ca. 60 Min., in Farbe. ●●●●'

Dominikanische Republik
(**6163**-3) VHS, ca. 60 Min., in Farbe. ●●●●'

Malediven
(**6156**-0) VHS, ca. 60 Min., in Farbe. ●●●●'

Bali
(**6149**-8) VHS, ca. 60 Min., in Farbe. ●●●●'

Thailand
(**6155**-2) VHS, ca. 60 Min., in Farbe. ●●●●'

Hongkong
(**6160**-9) VHS, ca. 60 Min., in Farbe. ●●●●'

Berlin
(**6177**-3) Laufzeit ca. 60 Minuten. ●●●●'

Tunesien
(**6174**-9) Laufzeit ca. 60 Minuten. ●●●●'

Kanada
(**6178**-1) Laufzeit ca. 60 Minuten. ●●●●'